JN098177

10年連続、
算数オリンピック入賞者
を出した塾長が教える

「算数力」は小3までに育てなさい

りんご塾代表
田邉亨
Tanabe Toru

ダイヤモンド社

はじめに

大人も解けないような難しい「算数」の問題を解く子どもたちがいます。

私が代表を務めている「りんご塾」に通う子どもたちが、まさにそれ。例えば開成や灘など超難関中学の入試問題と似たような問題を、小３の段階で解いてしまいます。

そう言われると、多くの人はこう思うかもしれません。

「そういう子は、もともと頭のつくりが違うんでしょう」

「難しい問題をスパルタ式で詰め込んでいるからでは？」

しかし、そうではありません。りんご塾に通う子どもたちが大人もかなわない「算数力」を持っている理由は、主に２つ。

①小3までに「頭を使う算数」に取り組んでいる
②問題を解くことを楽しんでいる

反射神経では解けない算数

もちろん小学校でも算数を習いますが、りんご塾が教えている算数はそれとは趣向が異なります。

計算問題のように反射神経で解く問題ではなく、思考を巡らせないと解けない「頭を使う算数」を、頭が柔らかい幼少期から提供しています。

それと同時に、パズルを解くときのような「楽しさ」も大切にしています。

だから、**子どもたちは算数をある意味、遊びのようにとらえています。**

「やったー、解けた！」
「もっと出して！」

目を輝かせながら、小さな子どもたちが楽しそうに問題を解いているのです。

私は、こうして育《はぐく》まれる「算数力」を次のように定義しています。

【算数力】…情報処理力、論理的思考力があるのはもちろん、「考えること」が大好きで、考え続けられる能力

りんご塾は、パズルを模したオリジナルの教材や、考えることの楽しさを追求した学習環境によって、これまで数多くの子どもたちの「算数力」を開花させてきました。

算数オリンピックで10年連続メダリストを輩出

りんご塾は、2000年に滋賀県彦根市で小さな塾としてスタートしました。中学受験をするような子どもはほぼゼロという、のどかな町にあります。

しかしながら、**2014年から10年連続で「算数オリンピック（小学生以下を対象にした算数の得点を競い合う知の祭典）」の入賞者を輩出**しています（コロナでトライアルのみの実施だった2020年を除く）。

入賞者は、灘や洛南、東大寺などの超難関中学に合格できるのはもちろん、東大・京大などの名門大学にも進学を果たしています。

そんな、**天才児を数多く生み出してきたりんご塾のメソッドを本書で初公開**いたします。本書は次のような方におすすめです。

□中学受験で有利になるように算数を得意にさせたい
□全然やる気がない子どもに、やる気を出してほしい
□子どもはまだ小さいけど、今のうちに何かしらの才能を伸ばしてあげたい
□子どもに勉強を好きになってほしい
□子どもを今後の社会で活躍できる人間にしたい

大丈夫。早いうちに、正しく、楽しく取り組めば、子どもの算数力は必ず鍛えられます。

子どもはみんな、才能のかたまりです！

CONTENTS

第2章 「算数力」を育てるための環境づくり

第3章 「算数力」をぐんぐん伸ばすりんご塾メソッド

第4章 「算数力」を育てる声かけ

第5章 Q&A／田邉先生教えて！こんなときはどうすれば？

第6章　結局「算数力」がある子がすべてに勝つ

エピローグ／「４つ目のりんご」になりたいという私の夢

巻末特典

まずはこれから！「天才パズル」超・厳選版！

りんごちゃんからの挑戦状 天才パズル

＊本書に出てくる生徒のエピソードは個人を特定されないよう、一部を変更しているものもあります。また本書の情報は２０２４年４月現在のものに基づいています。

プロローグ

子どもの将来にもっとも大事な「算数力」

01

「算数力」があると、中学受験で超有利になる

読者の中には、子どもに中学受験をさせたい方も多いでしょう。算数力があると、中学受験は非常に有利になります。

理由は主に2つ。

①算数が得意かどうかが合否を大きく左右する
②算数1科目入試を採用する学校が増えている

①は、算数は暗記科目ではないからです。誰でも覚えさえすればできるわけではなく「思考力の差」が出るからです。また**他の科目に比べて1問あたりの配点が大きい**場合も多く、1問のミスが命取りになります。

さらに以前は難関男子校でしか出なかった立体図形の難問も、昨今では女子の名門中学として名高い桜蔭や豊島岡でも出題されるようになりました。これらの難関女子

校は国語はみんなできて当たり前。だから結局、算数が勝負を分けます。

「算数1科目入試」は最近のトレンド

そして、最近のトレンドとして挙げられるのが②。

一般的に、中学受験は国・算・理・社の4科目入試が主流です。そんな中、世田谷学園や巣鴨のように、算数1科目入試を採用して、**算数さえできれば合格できる学校が増えてきている**のです。

その背景には、学校ができるだけ進学実績を上げたいという事情があります。算数ができる子は数学もできるので、国立大学に合格しやすいからです。

また、大学入試においても、**2021年から早稲田の政治経済学部が数学を必須科目にした**ことが注目を集めました。

この波は、他の大学入試にも波及する可能性がありますし、中学受験は大学受験の影響を大きく受けます。

したがって、中学受験においても、算数の存在感はより高まっていくと考えられるでしょう。

算数1科目入試を実施している私立中学校

	学校名	所在地	偏差値
首都圏	攻玉社中学校	東京	58−63
	開智日本橋学園中学校	東京	54−60
	鎌倉学園中学校	神奈川	59−64
	栄東中学校	埼玉	65−70
	品川女子学院中等部	東京	54−58
	湘南白百合学園中学校	神奈川	56−61
	巣鴨中学校	東京	63−68
	世田谷学園中学校	東京	56−64
	高輪中学校	東京	54−60
	田園調布学園中等部	東京	55−60
	富士見中学校	東京	55−60
	普連土学園中学校	東京	57−61
	山脇学園中学校	東京	54−61
関西圏	京都先端科学大学附属中学校	京都	45−46
	金蘭千里中学校	大阪	50−61
	神戸山手女子中学校	兵庫	38
	神戸龍谷中学校	兵庫	40−43
	香里ヌヴェール学院中学校	大阪	40−44
	小林聖心女子学院中学校	兵庫	39−41
	松蔭中学校	兵庫	37−38
	蒼開中学校	兵庫	38

※2024年度入試で算数1科目入試を実施した学校を掲載しています。

※偏差値は口コミサイト「みんなの中学情報」を参照(なお、一般的に中学受験の偏差値を高校の偏差値に換算すると+10程度になると言われています。つまり、偏差値50の中学は高校で言うと偏差値60レベルに相当します)

02

AI時代に生き残るのは「算数力」がある人間

算数力は、中学受験で有利になるだけではなく、大人になってからも大いに役立つ能力だと言えます。

なぜなら、**世界は今後、AIによる大転換期に突入していく**からです。

ＡＩの発展によって、今ある職業はどんどん淘汰されていくと言われています。ルーティン作業はもちろん、弁護士や税理士など「士業」と呼ばれる膨大な知識を暗記するような職業の一部も、今後はＡＩに取って代わられてしまうでしょう。

また、ＡＩと人間の共存を模索する過程においては、予測できない問題も噴出すると考えられます。

つまり、今後は次のような時代がやってくると想定されるのです。

□知識があるだけでは生き残れない
□ＴｏＤｏで乗り切っていたことが通用しない

こんな時代、社会で活躍するために必要なのはどのような力でしょうか？

それが、算数力。**すなわち「考えることが好きな力」**です。

仕事や人生のトラブルも解決できる

りんご塾の子どもたちは、算数オリンピックに挑戦していますが、そこで出される問題には大きな特徴があります。

それは、**初めて見る問題が多い**ということ。


進学塾に通っている子どもたちは、「こういう問題が出たらこういうふうに解く」という訓練をずっとしています。一部の最難関中学を除けばパターンを多く暗記しているほど正解できるし、合格の可能性も高まります。

ところが、算数オリンピックでは、そのような定石が通用しません。人から知識を与えられて解ける問題ではないというか、「ええ……!?」と、思わず頭を抱えてしまう問題しか出ません。

でも、子どもはそれが楽しいのです。

「なんだこれ!?」

「よーし。どう考えればいいのかな?」

そうやって頭をひねりながら、解くこと自体を楽しんでいるのです。

これは非常に強いです。

1人で初見の課題に取り組んで解決できる。

こんな人材は、**仕事や人生で、どんなトラブルが襲ってきても乗り越えることができる**でしょう。

しかも、それが苦ではない。**「どうすればいいか」を楽しみながら考えることができる**のです。稼ぐ力はもちろん、たくましく生きていく力があります。

これこそが、今後の世界で活躍するために、もっとも重要な力だと私は思います。

03

「賢いだけ」で終わる子にしない

小学校低学年だと、算数のテストで100点を取ってくるお子さんも多いでしょう。けれども、「特に苦労している様子はないから、今はまだ何もしなくて大丈夫」と考えるのは早計です。

想像してみてください。ほとんど毎回100点を取れていたら、授業中、お子さんはどんな気持ちになるでしょうか？

賢いお子さんですから、先生が黒板に書いたことはすぐに理解して「あ〜、はいはい。そういうことね」と、受け身の姿勢で時間を過ごしているのではないでしょうか。そして、テストはまんまと100点です。なんの問題もないので、臨む態度に疑問を持つことはありません。**「受け身で大丈夫」という考えが、無意識のうちに刷り込まれていきます。**

けれども、私は思います。

「どんなことでも、**努力して自分が能動的につかみに行って、やっと手に入るものだと教えなくてはダメ**だ」と。

「努力」と「結果」をセットで体験させる

なぜなら、そうしないと「賢いだけ」で終わる可能性が高いからです。

小学生時代にものすごく勉強ができたトップ層の子どもたちは、学生の間は優等生として生きていけることが多いです。

でも、本人的にはあまり努力していないから、そこに価値を見いだせません。**人間は、自分が努力せずにできたことに価値を見いだせない**のです。そのため「勉強なんてできても仕方がない」と言って別の世界へ行き、そこが合わずに転落していったり、自分の能力の生かし方がわからなくて埋もれてしまったりすることがあります。かの福沢諭吉も言っているように、「活用なき学問は無学に等しい」のです。

だから、**低学年のうちに「努力」と「結果」をセットにして体験させていく**ことが大事。受け身ではなく能動的に臨んで結果を勝ち取るからこそ喜びが得られるし、自分の能力を実社会で役立てていこうという積極的な気持ちも生まれるのです。

算数オリンピックって何？

国境・言語・人種の壁を超えて、地球上すべての子どもたちが、算数という万国共通の種目で思考力と独創性を競い合う大会です。

【大会種目】

・算数オリンピック　キッズBEE大会（小学1〜3年生対象）

・ジュニア算数オリンピック（小学5年生以下対象）

・算数オリンピック（小学6年生以下対象）

※この他、中学生を対象にした大会もあります。

※それぞれ予選を勝ち抜くと決勝大会へ進めます。

※キッズBEE大会は、決勝大会の得点に応じて金・銀・銅いずれかのメダルが授与されます。予選＋決勝の最高得点者が「長尾賞」を受賞できます（第1回の長尾賞受賞の生徒はりんご塾生でした）。

【問題の特徴】

・定石が通じない

・ぱっと見ただけでは解けない

・IQテストに通じるような柔軟な思考力が求められる

【参加費用】

税込み 5250円

【参加方法】

公式HPから申し込む➡https://www.sansu-olympic.gr.jp/

（申し込み期間は4〜5月頃）

第1章

「算数力」は小学校低学年までに決まる

04

「小3までの算数は、椅子に座っていれば誰でもできる」は本当か？

子どもの早期教育で「計算」に注力する親はいても、「算数」に注力する親はあまりいません。なぜなら、**小3までの算数はとても簡単だから**です。

この本を読んでいるお母さんお父さんも、小3までの算数で苦労した記憶はほとんどないのではないでしょうか。

りんご塾に無料体験に来る親御さんもそうです。

多いのは、旦那さんがお医者さんで、奥さんが専業主婦というケース。旦那さんは医学部に入っているくらいだから数学が得意。だから、こう言うのです。

「俺は小学校低学年のときに勉強した記憶なんてない。普通に学校に行って、椅子に座って、先生の言うことを聞いていたら全部100点だった。それなのに、なんで小1から塾に通わせないといけないんだ？　4年生からで十分だろう」

これは半分正解で、半分誤りです。

自分の頭で汗をかいて考えているか

たしかに、小3までの算数は簡単です。それは大人の思い込みではなく、子どもたちにとってもそう。むちゃくちゃ簡単。だって、「12÷2＝6」とかですよ？　掛け算ができて、割り算を理解していたら反射神経で解けます。

特に、教育熱心なご家庭の場合は公文式や計算ドリルなどをやっている場合も多いので、低学年では学校の算数のテストはほぼ100点という子も少なくないでしょう。

ところが、実は**あとで一番問題になるのは「算数なんて簡単だ」と思っている、算数が得意な子ども**なのです。

そういう子は、4年生以降、思考力を問われる問題が出るようになったり、進学塾に通うようになったりした途端、算数が苦手になることがよくあります。

なぜなら、**「自分の頭で汗をかいて考える」という練習ができていない**から。

ここに、算数が得意だった子がいつの間にか苦手になる、大きな落とし穴があるのです。

05

条件反射で解いていると、小4以降で行き詰まる

算数は本来、試行錯誤して解くものです。ところが、小3までの算数は、先生の話を聞いていればすぐに理解できるものばかり。手順さえ覚えておけばできるから、テストのときも「あれをここに当てはめれば解ける」というような解き方をします。

だから、**「算数は努力しなくてもできる」と勘違いする子が続出**します。**本当は努力して試行錯誤しないと解けない**ものなのに、そういう認識になっていないから、いざ思考力が求められるようになるとつまずいてしまうのです。

とはいえ私の主張があまりピンとこない方もいると思います。「たしかに数学は思考力が必要だけど小学校低学年の算数で試行錯誤することなんてある?」と。

それでは、次の問題をごらんください。**算数オリンピックで小3の子どもたちが解いている問題**です。易しい順に3問出します。果たしてラクに解けるでしょうか?

小3が算数オリンピックで解いている問題①

正三角形の紙を図1の順に折りたたんだ後、点線のところからハサミで切ってから広げました。
広げた図は（あ)、(い)、(う)、(え）のどれが正しいですか。

図1

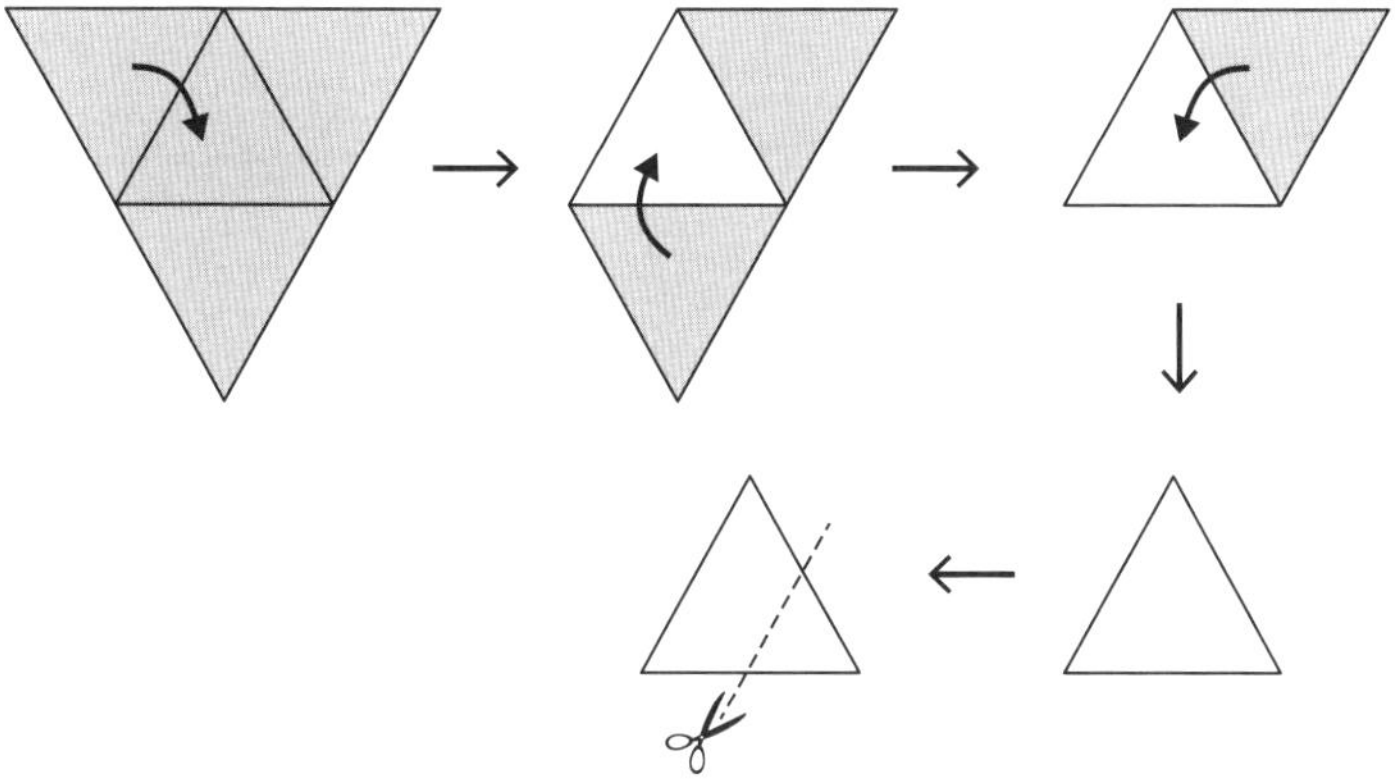

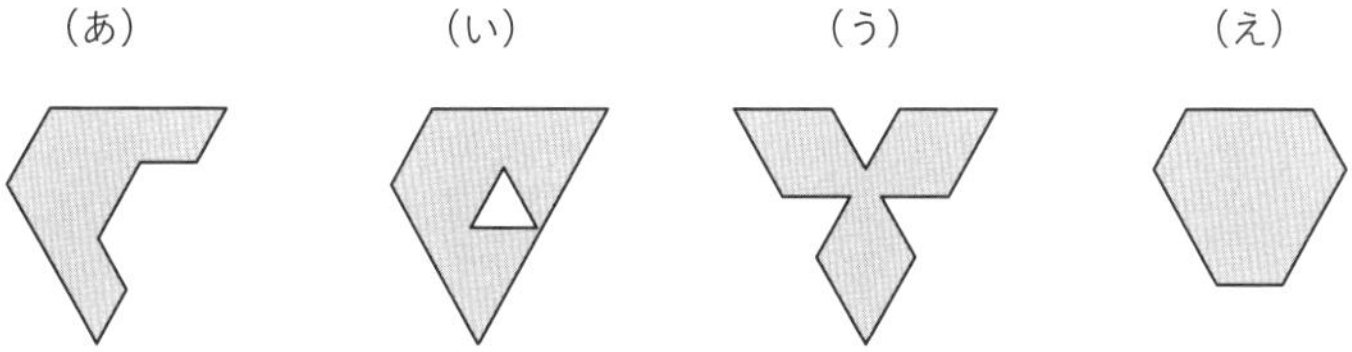

〈2016年 キッズBEEトライアル大会〉

P31〜36までの問題・答えの出典:『2021年度版　キッズBEE過去問題集』(一般財団法人算数オリンピック委員会編)より

答えは次のページ

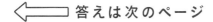

「あ」

紙を３回折っているので、紙は４つに重なっています。４つ重なっているものを切ったので、広げたときは、小さい正三角形が４個分なくなっているはず。
（あ）〜（え）それぞれ、小さい正三角形が何個なくなっているかを調べてみます。

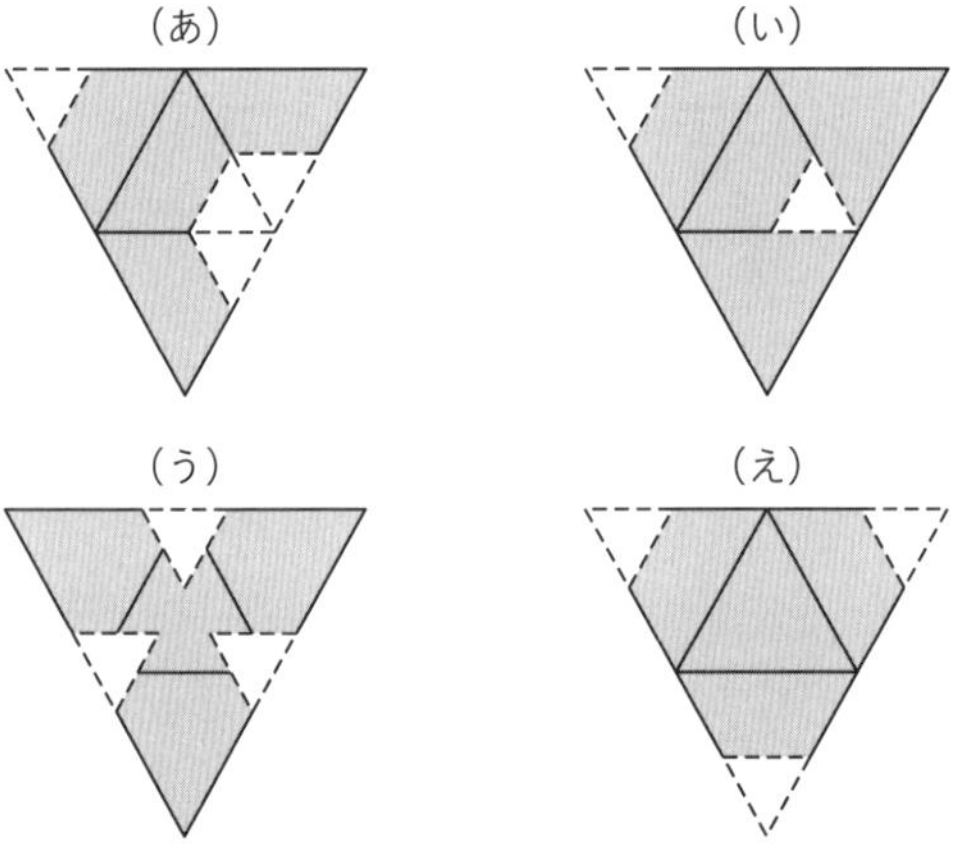

（あ）は４個、（い）は２個、（う）は３個、（え）は３個なくなっていることがわかります。
このことから、答えは（あ）になります。

4つの中くらいのサイズの三角形から、小さな三角形を等しく取り除くので、小さい三角形が4つ減るのがポイント。正答率は54.4%です。

小3が算数オリンピックで解いている問題②

下のたし算の式でカタカナとアルファベットは、どれも1から9までの1けたの数で、同じ文字は同じ数、ちがう文字はちがう数が入ります。
Eにあてはまる数はいくつですか。

サ ＋ ン ＋ ス ＋ ウ ＋

キ ＋ ッ ＋ ズ ＋ B ＋

E ＋ E ＝ 52

〈2012年 キッズBEEトライアル大会〉

← 答えは次のページ

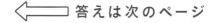

「7」

【サ】【ン】【ス】【ウ】【キ】【ッ】【ズ】【B】【E】は全部で9個なので、1〜9の数字がそれぞれに1個ずつ入ることになります。

このことから、【サ】＋【ン】＋【ス】＋【ウ】＋【キ】＋【ッ】＋【ズ】＋【B】＋【E】＝1＋2＋3＋4＋5＋6＋7＋8＋9＝45

【E】だけが2個あるので、【E】＝52－45＝7

よって、答えは7になります。

Eだけ2つあるというのがヒント。どの文字にどの数が入るかを考える必要はありません。正答率は52.2%です。

小3が算数オリンピックで解いている問題③

同じ大きさのボールが3コあります。
２コのボールをつつに入れると、図１のように高さは14cmになりました。
３コのボールをつつに入れると、図２のように高さは20cmになりました。
さて、図３のように１コのボールをつつに入れると、高さは何cmになりますか。

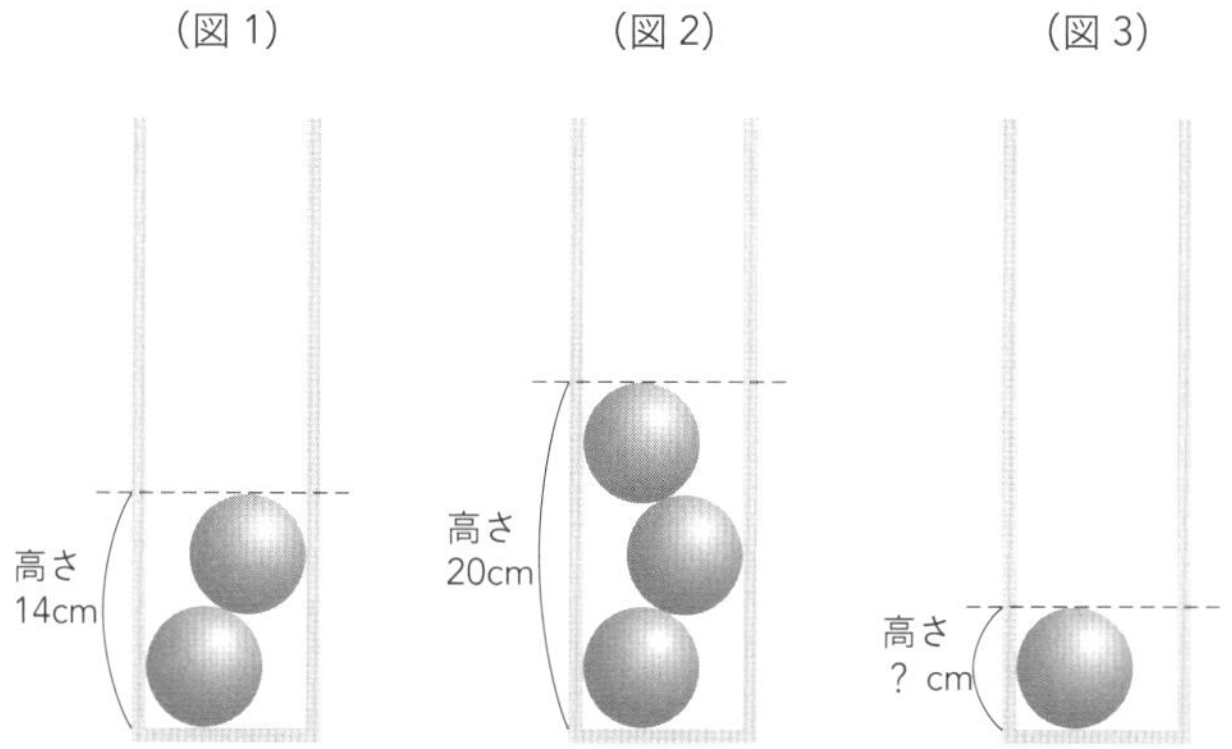

〈2014年 キッズBEEトライアル大会〉

答えは次のページ

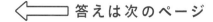

問題の答え

「８cm」

２つで14cm、３つで20cmなので、１個足したら20－14で６cm増えることになります㋐。

そのことから㋑も６cmであることがわかります。

㋐＝㋑＝20－14＝６(cm)

よって、㋒は14－６＝８となります。

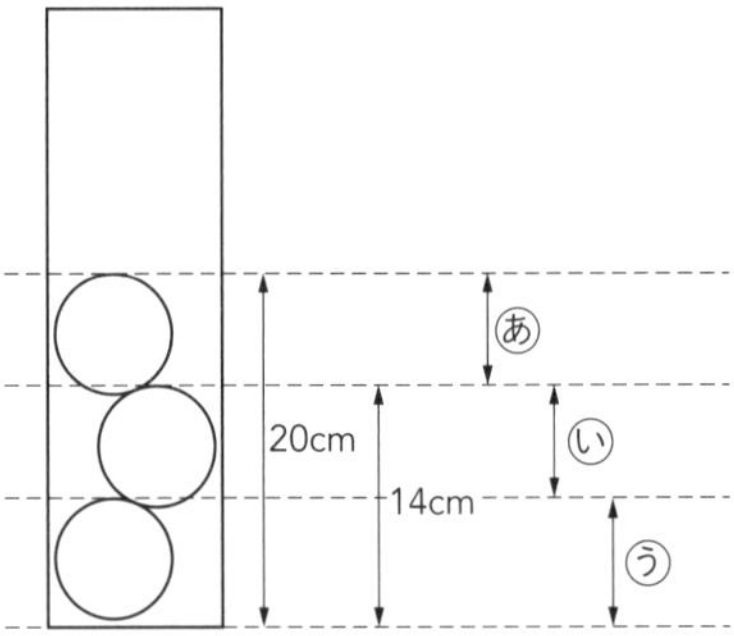

実は引き算だけで解けるんです。

正答率は35.8%です。

いかがでしたか？　意外と難しかったのではないでしょうか。

特に問題3は、解けない人も多かったのでは？

実際、私の周りの大人に解いてみてもらったところ、文系のお母さんは「もう考えたくない。難しい……」と顔を覆い、東大卒のバリキャリ女性ですら、「補助線とかを引くのかな……とやりそうですけど、実は引き算だけで完結するんですね。こんなのを解ける賢い子がいるなんてすごい」と、驚いていました。

たしかに、難問ではないけど、なんだか難しいですよね。計算自体は全く難しくないのに、頭をひねって考えないと答えを導き出せません。**意外とシンプルな解き方でいいんだけど、それを思いつくのが難しい**のです。

どうでしょう。私が「算数は本来、試行錯誤して解くものだ」とお伝えしている理由がおわかりいただけたのではないでしょうか。

りんご塾の子どもたちは、こういう問題を「面白い！」「こんなの初めて見た！」と、夢中になって解いています。なぞなぞでも、考える途中が面白いですよね。それを子どもたちは知っています。そして、これはりんご塾の子どもたちが特別だからでは決してありません。誰でも早期に正しく楽しく算数を学べば、獲得できる力なのです。

06

学校では成績がよくても、進学塾に入ると全然解けないからくり

中学受験をする場合は、4年生から進学塾に通うことが多いです（正確には小3の2月）。すると、算数で0点に近い点を取ってしまうことがあります。多くの親御さんは、そこで初めて衝撃を受けます。「算数、こんなにわかってなかったの!?」って。

でも、それは当たり前。進学塾で小4向けの問題を解くためには、実は5〜6年生までの範囲をざっくりわかっていないと厳しいです（割合や速さなど、一部の単元は除きます）。だから、親が落ち込む必要はありません。

「能動的」に楽しく勉強する習慣をつけておく

けれども、**お子さんが受けるショックは想像以上に大きい**です。「学校ではけっこう成績がいいのに進学塾だと下のほう」に位置付けされたお子さんは、必ず劣等感を抱くことになります。

これは、要注意ポイントなのでよく聞いてください。

中学受験を予定している子どもたちというのは、1〜3年生の間は、学校ではみんな上位層です。それほど勉強で苦労した経験はありません。P24でお話ししたように、受け身で授業に臨んで、ある意味、のほほんと過ごしてきました。

ところが、進学塾に入った途端、思考力が問われることをガツガツやらされます。そして、塾によっては成績順でクラスを分けたり席を決めたりします。「お前は下のレベルだ！」ということを突きつけられる子が、少なくとも2分の1は生まれるわけです。そうすると、誰だってイヤになりますよね。**「自分はできる子だ」と思っていたのに、それが打ち砕かれてしまう**のですから「もう勉強したくない」となっても仕方ありません。その結果、中学受験のボリュームゾーンである「学校ではけっこう成績がいいのに進学塾だと下のほう」の沼にハマり、抜け出せなくなってしまうのです。

だからこそ、低学年のうちに能動的に、楽しく勉強することが大事。1〜3年生でそれができていた子は、4年生以降、進学塾に入っても同じように取り組めます。

要するに、「能動的に楽しく勉強する」という習慣を早いうちに身に付けさせることが、子どもの能力を伸ばす一番の方法なのです。

07

算数は早期スタートが命

算数ほど、スタートダッシュが利く科目はありません。

中学受験を予定しているりんご塾生のスタンダードはこうです。

小3までりんご塾に通う。その間に、4年生以降の問題を先取り学習しておく。そして、4年生になったらりんご塾をやめて進学塾に通い始める。そうすると、貯金を持って塾に行く感じになり余裕を持って受験勉強をスタートできる。その結果、志望校に合格できる。

3年生までに算数を〝楽しく〟学んで得意になれば無敵

算数は、中学受験において50%のウェイトを持っていると言われています。勉強にかかる時間も合格を左右する割合においてもです。

だから、**小3までにその50%に着手していたら非常に有利**です。そうすれば、受験勉強だけで小4〜6年生時代をつぶすのではなく、子どもの好きなこともそれほど犠牲にせず、時間を過ごすことができるでしょう。

よく、中学受験を特集した雑誌に、天才キッズが載っていますよね。時間をやりくりして、バイオリンのコンテストでも優勝しました、みたいな子です。

「すごいな〜、できる子は」と思うかもしれませんが、私からすればあれは意外と単純。基本的には、早くからやっているだけ。**すごく小さいときから勉強をしているから、学年が上がっても、そんなに勉強に時間を費やさなくていい**ということ。天才キッズの親は、それを知っているだけなんです。

断言します。

3年生までに、算数を楽しく学ばせて得意にさせればその後の受験人生は無敵です。

考える力があるから、どんどん自分で知識をふくらませていくし、能動的だから覚えもいい。どう考えても、そういう子たちが受験や人生で勝っていくんです。

だから、そうじゃない子たちが4年生、5年生になってから慌てて塾に行って一生懸命やっても、なかなか同じリングに立てません。やってる子たちはもうずいぶん前に、そんなことは終わっちゃってるんです。算数は早期スタートが命なのです。

08

「苦手克服」よりも「得意なところ」を先取りさせる

私は、子どもはみんな才能のかたまりだと思っています。なぜなら、素直だから。素直で、受け入れる力が大きいほど、その後の伸びも大きくなります。

ところが、実際には子どもが全員、天才に育つわけではありません。素直で無限の伸びしろを持っていたはずの子どもが、いつの間にか伸びしろがポキンと折れて、低空飛行を強いられてしまうのです。

主な原因は2つあります。

①子どもに苦手克服を強いる
②先取り学習をさせない

「早生まれ」の影響も見過ごせない

まず①について。

子どもに苦手なことがあると、親は「しっかり教えてあげなくては」と思いますよね。落ちこぼれないように、苦手を克服させなければいけないと。その気持ちはよくわかりますが、**苦手なことばかりやらされると子どもはいじけてしまいます。**萎縮して、本来伸びるはずの能力までもが伸びなくなってしまうことが多いのです。

特に**低学年のうちは、早生まれの影響を大きく受けます。**単純に、まだそれを理解するだけの能力が備わっていないことがあるのです。20年以上にわたり、たくさんの子どもたちを見てきましたが、この子があと半年遅れてスタートしたら、すくすく伸びたんだろうなというケースがたくさんありました。

だから、苦手なことを強いて、勉強嫌いにするのは避けたいところ。その子の能力を丁寧に見極めながら、その都度、成長に見合った適切な学びを提供していくことが理想です。これが、「先生」「指導者」の重要な仕事です。

②に関しては、本当にもったいないと感じています。

多くの塾では、学年別に授業を行っています。そのため、成長速度が速い子で、例えば今は小4だけど、小5のクラスに入れたいとなっても、塾は受け入れてくれません。もちろん、そんなことをしていたら、小5のクラスが定員オーバーになってしまうからという事情はあります。

しかしそれ以上に、実は裏の事情が働いているケースがあるのです。

それは、**飛び級をさせてしまったら、最後の6年生のときに来てくれなくなって月謝を取りっぱぐれてしまう**ということ。

商売だから仕方がない面はありますが、子どもの能力を最大限伸ばすという意味では、非常にもったいないと言わざるをえません。成長する余地が多分にある幼い時代に、大人の事情で天井を設けて、伸びを妨げることになりかねないからです。

本来、子どもは才能のかたまり。勉強するのが大好き

だから、りんご塾では学年のしばりを設けずに、その子の能力に合ったことを教えています。**そうすると、先取り学習をすることになる子がほとんど**です。

本来、子どもはみんな才能のかたまりだし、勉強するのが好きです。

だから、早く、素直なうちに、成長する余地だらけのうちに、正しく楽しく学びをスタートすることが大切なのです。

09

幼少期に質の高い教育を受けると、学習意欲が高まる

幼少期における教育の重要性については、近年、様々なことが報告されています。ノーベル経済学賞を受賞したジェームズ・J・ヘックマン教授は、著書『幼児教育の経済学』（東洋経済新報社刊）において、過去の実験結果（ペリー就学前プロジェクト）と脳科学の知見を結びつけて、次のような見解を述べています。

「幼少期に適切な教育を受けずに敏感期を過ぎてしまった子どもは、教育投資の効果が小さくなり、学習意欲を高めることも難しくなる」

要は、**幼少期に適切な教育を与えれば結果が出るし、本人のやる気も高まる**ということです。

伸び盛りに何も与えないというのは、本当にもったいないと思います。

就学前教育は、教育的効果&経済的効果が高い！

ペリー就学前プロジェクト

1960年代のアメリカ・ミシガン州において、「質の高い幼児教育を受けたグループ」と「受けなかったグループ」に分け、40歳時点までの経済状況や生活の質を調査したもの。

【対象者層】低所得層のアフリカ系アメリカ人3歳児

【対象者数】123名

【実施期間】1962〜67年

【教育内容】3〜4歳児に対して2年間にわたり、毎日平日の午前中は学校で教育を施し、週に1度1.5時間先生が家庭訪問をして指導にあたる。

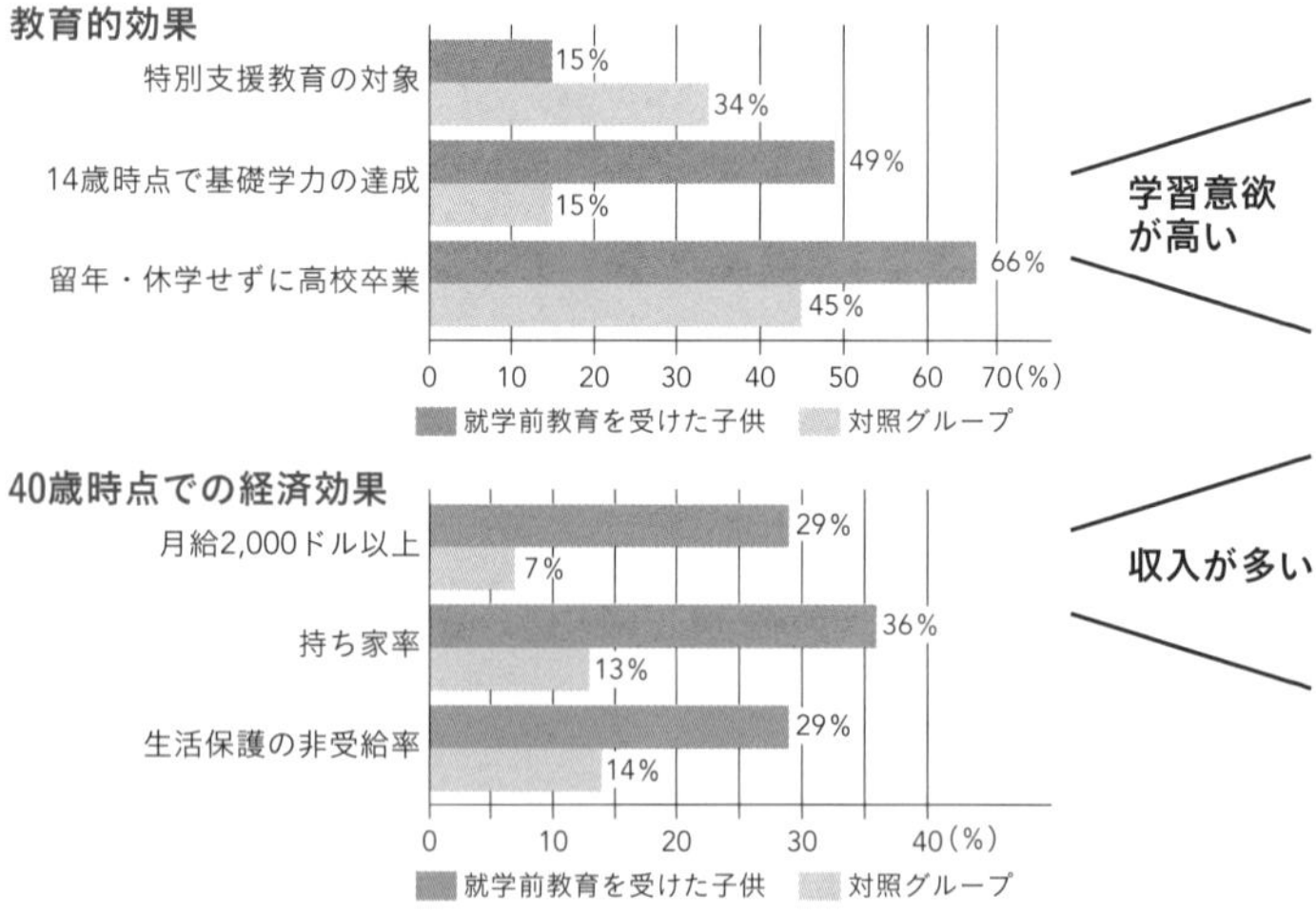

出典：『幼児教育の経済学』（東洋経済新報社）、「幼児教育の効果に関する代表的な研究成果〜ペリー就学前計画〜」（内閣官房）

10

早いうちに「壁を乗り越える経験」を積ませる

「成長の踊り場」と呼ばれるものがあります（踊り場というのは、階段と階段の間にあるフラットな部分）。

普通は勉強していくと、1段ずつ階段を上っていくように成長していきます。

しかし、あるとき突然、それまでのように成長しなくなることがあります。今までは、階段を10上れば10の成長を得られていたのに、階段を20上っても20の成長は得られず、10や5の結果しか手に入らなくなります。つまり、努力と結果が比例しなくなる。**子どもにとって、初めて「壁」が現れる**のです。

小1～3年生で、学校の算数をやっているだけでは、なかなか壁にぶち当たることはありません。簡単だし、上れる階段のレベルが制限されているからです。

そのため、多くの子どもたちは、小4以降に進学塾に通い出し、難しい問題を大量に勉強するようになって、初めて壁にぶち当たります。そうすると、子どもは動揺します。周りの大人も、中学受験まで時間がないため焦ります。子どもにもっと頑張るようにプレッシャーをかけたり、努力が足りないせいだとなじったりすることもあるでしょう。しかし、子どもからすると、たまったものではありません。ちゃんと頑張っているのに結果が出なくて辛いうえに、圧をかけられるんですから。**「結果が出ないなら、努力しても無駄じゃん」と、投げやりになってもおかしくありません。**

一方、小1〜3年生のうちに先取り学習をして、早期に壁にぶち当たる経験をさせた場合はどうでしょう。私に言わせるとメリットしかありません。

□中学受験まで時間があるから、余裕を持って対応できる
□「勉強というのはそんなに簡単なものではない」と気付き、能動的になる
□壁を1度乗り越えることで、その後ぐーんと伸びる（早い分、それを複数回経験できる可能性がある）

だから、ぜひとも小3までの間に先取り学習をさせてあげてください。**失敗しても問題がないときに挑戦して、実際に失敗して、経験を積んでおくことが、学歴社会を生き抜く最強の方法**です。

早めに体験しておきたい！
「成長の踊り場」

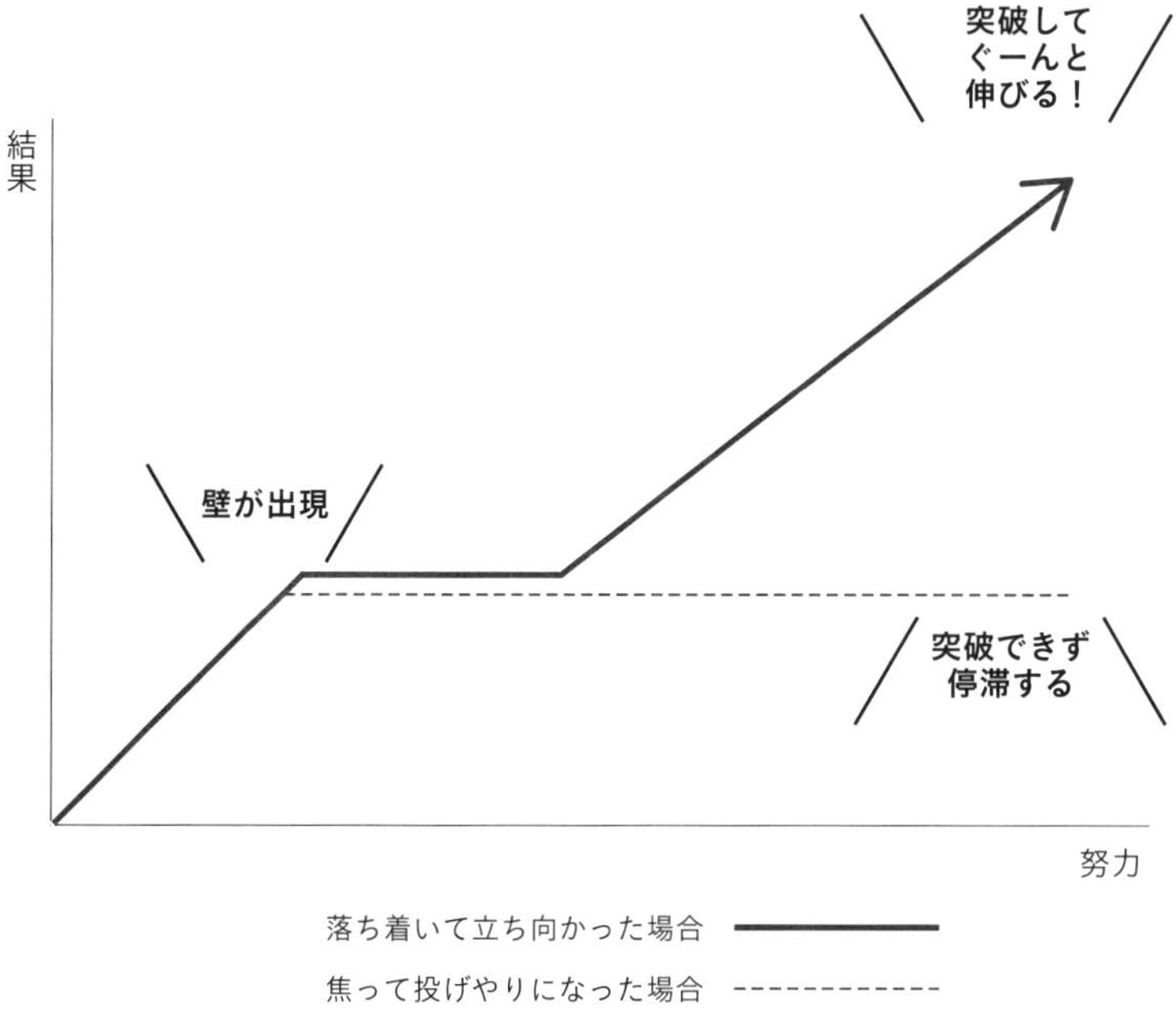

先取り学習をして、低学年のうちに成長の踊り場を体験しておくと、中学受験に弾みがつきます。

11

「苦手・嫌い」という意識がついてからではもう遅い

私は以前、中学2〜3年生を対象に数学や英語を教えていました。そのとき、思ったんです。「逆転のための塾はやめよう。他の塾に任せよう」と。

中学生や高校生になって、**すでに苦手意識がついている子どもたちに一発逆転させるのはかなり難しい**です。

数学でつまずいている場合、本当は小学校の内容まで戻ってイチからやり直していくのがベストなのですが、なかなかそうはいきません。**受験まで時間がないし、本人もプライドがあるから**です。

そうすると、合格させるためには、ただ覚えればいい、手順通りにできればいいというようなところだけを教えて、ごまかしごまかし、合格ラインである7割を取ることを目指すことになります。

そうやって合格できることはありますが、受かったら受かったで、子どもはしんどいと思います。実際にはきちんと理解できていないんですから。入学した後も、わかっていない部分が足を引っ張って、雪だるま式にふくらんでいって、次第に落ちこぼれていくでしょう。

子どもの成長を阻む一番の要因は「劣等感」

子どもの成長を阻む一番の要因は、劣等感だと思います。

小学校低学年のうちは、テストでみんな80点ぐらい取るので、劣等感を生む環境にはなりませんが、上の学年になってくると差が出てきますし、模試を受けるようになると偏差値も出ます。すると、真ん中より下の子は劣等感が植え付けられていきます。一度「自分は算数ができない」と思って苦手意識を持つと、払拭するのは困難ですし、モチベーションも上がりません。

だから、最初から、ちゃんと理解させてあげるということがとても大事。大きくなってから一発逆転を目指して苦労するのではなく、**小さいうちから正しく楽しく、その子のペースに合わせてステップアップさせてあげることが大切**なのです。

12

先取り学習は子どもにとって遊びと同じ

「小学校低学年のうちから、先取り学習をさせましょう！」と言うと、次のような言葉をいただくことがあります。

「たしかに、頭が柔らかいうちに教えていけば吸収も早いだろうし、余裕ができるというのはわかります。でも、ちょっとかわいそうじゃないですか？　小さいうちは勉強を詰め込むのではなく、どろんこになって遊ばせておけばいいのでは？」

お考えは理解できます。

でも、**算数でどんどん次の学年に行くことは、実は子どもにとっては遊びと同じ**なんです。「ＴＨＥ勉強」ではないんですよ。学校の成績に関係ないところで、自分の興味があることを追求しているだけだから、遊んでいることと変わりはないんです。限界まで行って、壁にぶち当たって、努力して、突破して、レベルが上がる。これって、ゲームと同じ。すごく知的なエンターテイメントなのです。

勉強好きな子は意外と冷遇されている

今は京都大学に通っている男の子が、昔、りんご塾に通っていたとき、こんなことを言っていました。

「他の子が、野球やサッカーで、ホームランを打ったりゴールを決めたりするとヒーロー扱いされるのに、僕が100点を取るとガリ勉と言われる。それがちょっとイヤです。僕はただ勉強が好きだから勉強しているだけなのに。だけど、ここだと算数の問題に挑戦して、解けたら上の学年の内容に進めるし、それを褒めてもらえるから嬉しいです」

勉強が好きな子って、意外と冷遇されています。だから私は、**勉強を好きな子が安心安全に没頭できる場を提供する**という意味も込めて、りんご塾を運営しています。

そして、**りんご塾は「勉強を詰め込む」というスタイルではまったくありません。**

「算数を小学校低学年のうちから詰め込んで教えるなんて、かわいそう」。そう感じる人はおそらく、学校や進学塾で習う内容を、小さいうちからどんどん強制していくイメージがあるのではないでしょうか。

例えば、中学受験で必須の「旅人算」「割合」「速さ」など、難関中学を目指す子どもたちが習う算数は、本当に難しいです。

教育セミナーで、小学校高学年の子のお母さん方とお話しする機会もありますが、多くの方が疲弊されています。「大人の私でもわからないような問題を一生懸命解いて。だけどたくさんバツをもらって。偏差値も全然上がらないし……。それなのに、毎晩テキストと向き合っている小さな背中を見ていると、涙が出てきます」

そのように感じている親御さんは、たくさんいらっしゃいます。

本人が「楽しい」と思って自分から獲得しに行くのではなく、一方的に突如与えられる先取り学習は、詰め込み作業にほかなりません。深いところでは身に付いていないことが多いですし、単なる苦行になってしまうのではないかと危惧しています。

だから、りんご塾ではそうならないように、**「余裕のある低学年のうちに」「頭を使う問題」を「楽しいと思える形式で」提供**しているのです。そうすれば、高学年になって学校や進学塾で思考力が問われる難しい問題が出るようになっても、「どうすれば解けるかな？」と、楽しみながら立ち向かうことができるからです。

要は、**算数は楽しいと思わせたら勝ち**なのです。

13

算数が得意になったら、他の教科も自然と頑張る

子どもというのは、置かれた状況によって自分の役割を認識し、力を発揮します。例えば、リーダーシップを取っていた子が転校していなくなると、代わりにちゃんとリーダーシップを取れる子が出てきます。**状況が人を作る**のです。

これは勉強においても言えることです。

算数が得意で、親や先生たちの見る目が「この子はできる子だ」となっていると、子どもはそれを感じ取ります。

そして、「この集団の中で、自分はできる子なのだ」という自分の役割を認識して、「できる子」として力を発揮するようになります。

そうすると不思議なもので、他の教科も頑張るようになるんですよね。使命感というか、責任感が生まれるのでしょう。

もちろん、これは算数に限ったことではありません。とっかかりとなる教科は社会

でも理科でも国語でも何でもいいでしょう。

しかし、その中でも**算数は、情報処理能力や論理的思考力を鍛えられる**のがいいところだと思います。それらの能力が高まれば、他の教科を引き上げるうえで大変有利だからです。

論理的思考力があれば暗記も少なくてすむ

例えば、論理的思考力が高いということは、物事を抽象化し筋道立てて考えられるということです。そうすると、むやみに暗記する必要がありません。パターンを数多く記憶しなくても、理屈を理解できていれば問題を解くことができるからです。

脳の記憶容量には限りがありますから、パンパンにせずに余裕を持たせておくことはとても大事。本当に必要な情報をスムーズに格納できますし、脳内の処理もサクサク進むでしょう。

こうして、**「算数が得意になる」**↓**「周りからできる子だという目で見られる」**↓**「さらに能力を発揮するようになる」**という流れが出来上がると最強です。その子はもう、自走モードでぐんぐん進んでいくことができます。

算数が得意になると
自走モードでぐんぐん成長！

第2章

「算数力」を育てるための環境づくり

14

自由時間の多い小学校低学年までに、子どもの能力を限界まで伸ばす

小学校4年生になると、中学受験の勉強が本格的に始まります。それに対して、未就学~小学3年生というのは、あまり時間の制約もなく、のびのび過ごすことができます。**好きなことに打ち込める貴重な年代**なわけです。

だから、もしもお子さんが、算数が好きそうな兆候があったりしたら、とことんやらせてあげてください。国語も理科もピアノも水泳も……と、すべてにおいて平均以上を目指す必要はありません。算数だけでいいです！

「算数だけでいい」と言われると、不安を覚える方もいるでしょう。もちろん、教育方針はご家庭によって異なるので、ゼネラリストを目指すことを否定はしません。

しかし、**私の考えとしては、スペシャリストを育てていくことが大切**だと思っています。なぜなら「プロローグ」でもお伝えしたように、今後はAI時代に突入していくから。機械的になんでもこなせるゼネラリストの価値は下がっていくと予想される

からです。

小さいときほど、知識を吸収し成長する

だから、算数が好きなら、算数だけに振り切ってしまってＯＫ。**自由時間が多い小3までの間に、その子の能力を極限まで伸ばしてあげてください。**小４以降は忙しくなるので、好きなことに没頭する余裕はなくなります。

そう考えると、りんご塾は本当に恵まれていると思います。未就学児〜小３までのむちゃくちゃ追い風の子どもたちを支援できるからです。

元々子どもは前向きなので、**小さくて素直な頃ほど、知識をぐんぐん吸収するし、成長する意欲も高い**です。その子の能力を伸ばす追い風がビュンビュン吹いているわけです。

それに対して、小４以降の進学塾の先生は大変だと思います。向かい風が吹いているからです。それまでのほほんと過ごしてきた子どもたちに難しい問題を出して、戸惑い、焦り、ときにやる気をなくした子どもたちの心に火をつけて頑張らせなくてはいけないのですから。

15

いつも「マイブーム」がある子が伸びる

「小3までに算数をとことんやらせてあげて」と言われても、「とりたてて算数が好きというわけでもないしなぁ……」と、困ってしまった方もいるかもしれません。

「うちの子は漫画ばっかり読んでて……」という話もよく聞きます。

親からすると、勉強もしないで漫画に没頭していると心配になりますよね。

だけど、幼少時はそれでいいです。

むしろ、それがいいです。

なぜなら、**算数力が伸びる子というのは、必ずいつも「マイブーム」を持っている**ことが多いからです。マイブームは、漫画でもお絵描きでも何でもかまいません。

大切なのは、「何かに熱中する」という体験を得ることにあります。

熱中体験がある子は、「天才パズル」（Ｐ２０９〜参照）やりんご塾との出会いを通して、算数の面白さに気付いたとき、今度は算数がマイブームになります。

「算数がマイブーム」というのはピンとこないかもしれませんが、算数がマイブームになり、算数オリンピックでメダルを取るような子というのは、２時間ぐらい余裕で「天才パズル」を解いています。

自分の好きなことに主体的に取り組む姿勢が重要

これは、ＤＶＤで好きなアニメを見ているのと同じです。算数も好きなアニメも、子どもにとっては同じ。どちらも楽しくて幸せな時間なのです。

マイブームというのは、その子にとって自己表現の一種なのだと私は思います。「僕はポケモンが好き！」「私はプリキュアが好き！」と、自分が好きなものを伝えることを通して、自分という人間を表現しているのです。そうやって心を満たし、自分を少しずつ確立していくことで初めて、何かをつかみ取っていこうという前向きさが生まれるのではないでしょうか。

自分の好きなことを主体的に取りに行く姿勢が身に付けば、将来的にも安心です。そういう子は、きっと大人になってからも自分が夢中になれるものを見つけ出し、やりがいを持って仕事に打ち込めることでしょう。

16 子どもが本当に好きなものを見極めて「燃料」を与える

これは「算数」に限った話ではありませんが、**子どもがマイブームを持ち才能を開花させるためには、親のアシストが必須**です。

もちろん、成熟度が高い子は、「自分は◯◯が好き」と言葉にして伝えることができますが、そうでないこともよくあります。

例えば、毎週日曜日に放送されるアニメを、かぶりつくように見ているとします。それが戦隊ものだったら、「ヒーローに憧れているのかなぁ」と思うかもしれません。だけど、実はヒーローが好きなわけではなく、敵として現れる恐竜が好きなのかもしれない。舞台となっている宇宙船が好きなのかもしれない。**それを親は見極めて、子どもが本当に興味を持っているものを与えてあげなくてはいけません。**

これは、意外と難しいです。そして、後々後悔する親御さんが多いです。

以前、お子さんがすでに大学生になったお母さんと話したとき、興味深いことをおっしゃっていました。

子どものマイブームは一瞬で終わることもある

お子さんは女の子で、幼稚園生のときディズニー映画にハマっていたそうです。何回も何回も見て、セリフを丸暗記していたそう。「大人でも覚えられないのに、何かの才能があるのかな?」と嬉しく思い、好きにさせていたそうです。

ところが、娘さんは**次第に熱が冷めていき、小学校も学年が進むにつれて何かにハマるとか集中力を見せるといったことは、全くなくなった**そう。

「そのときはわかんないじゃないですか。その後も続くと思っていたから。結局今は、すごくこぢんまりとまってしまいました……。きっとあのときに何か手を打っていたら、もっと才能が花開いていたのかもしれませんね……」とのこと。

たしかに、そのときはわからないんですよね。「ああ、すごいわぁ。この子は何か特別な才能があるのかもしれない。将来が楽しみだわぁ」で、終わりがちです。

けれども、**より深く没頭させて才能を開花させるためには、「燃料」を与えなくてはいけません。**

ディズニー映画をよく見ているなら、ディズニーが好きなのかな？　おとぎ話が好きなのかな？　それともセリフに興味があるのかな？　と興味を分析して、例えばミュージカルに連れて行ったり、劇団に入れてみたりして、「好き」を加熱させてあげることが大切なのです。

月謝は無駄になってもいい！　掛け捨ての精神で

今のところ特にマイブームがないようなら、なんでもいいから習い事をさせてみましょう。

「こういうのがあるんだよ」と、簡単な情報を伝えて、本人が「行く」と行ったものは全部行ってみてください。

入会金は無駄になってもいい！
数ヶ月分の月謝も払い損になってもいい！

それぐらいの気持ちでいきましょう。

子どもの可能性を無尽蔵に探ってあげられるのは、今のうちしかありません。可能性が無限だからこそ、打つ玉は多くなります。

3ヶ月やらせて合わなければやめる

親の行動力というのは、かなり重要です。

滋賀県彦根市にあるりんご塾に、京阪神はもちろん、福井や名古屋、東京、埼玉などの遠方からお子さんを連れて来るお母さんは意外なほど多くいます。新幹線で通塾しているお母さんと雑談をしていたら、こんなことをおっしゃっていました。

「これが終わったら次はゴルフに行くんですよ。トランポリンと体操も習っています。トランポリンは立体空間把握能力を高めるのにいいんですよ」と。

トランポリンにまつわる真偽のほどはわかりませんが、いいと思ったらとことんやる姿勢は、本当にすごいです。

結局、**子どものマイブームがゼロのときに、カチッとハマるものを見つけてあげるためには、いろいろやらせてみるしかありません。**3ヶ月ぐらいやってみて合わない場合は、サクッと次にいきましょう！

17 意外！漢字が「読める」子は算数力も伸びる

りんご塾に通っている優秀な子の共通点は意外なことに、**小さいときからたくさんの漢字を「読める」**ということ。

「算数力と漢字が関係あるの？」と思われるかもしれませんが、漢字が読めるということは、子どもの本に限らず、街中の看板や大人向けの雑誌や本など、世の中のことがわかるようになるということ。

子どもは知識欲が旺盛ですから、漢字が読めればどんどん本を読み、勝手に知識を吸収していきます。そして、そういう予備知識がたくさんある状態で、いざ学校で習うと、今までの知識とつながり、様々なことが深く理解できるのです。

理想は、小1の段階で小4ぐらいまでの漢字を読めること。読めさえすれば、書ける必要はありません。算数オリンピックで金メダルを取った子の中で一番すごかった子は、年中のときに小6の漢字が読めました。

子どもが漢字を
読めるようにする具体策

□ 振りがなつきの本を与える
（漫画は振りがなつきが多いのでおすすめ）
□ 街中では、トラックや看板の漢字を親が読んでみせる
□ 漢字が多い本を見せながら一緒に読む
□ 物のラベルやスケジュールを漢字で書いて振りがなを振っておく
□ テレビを字幕付きで見せる

18

数をイメージできない子は「そろばん」を習うといい

りんご塾に来て**「算数力」がすぐに伸びる子となかなか伸びない子の違いのひとつに、数の概念をイメージできるかどうか**、があります。

「数をイメージする」というのは、例えば「10－3」という問題があったとき、1が10個並んでいて、そこから3個減ることを頭の中で思い描けるかということです。問題用紙に書かれている数というのは抽象的です。それを頭の中でイメージしなくてはいけません。これができる子はどんどん先に進んでいけます。

大人であれば、100円玉が5枚あれば500円という具合に、実生活で数を扱っているので簡単にイメージできますが、生まれて数年の子どもたちにとっては難しい場合もあります。

そろばんは視覚的に数をとらえられる

そんな子には、そろばんがおすすめ。そろばんは、同じ珠《たま》がいくつも並んでいるので、視覚的に数をとらえることができます。そして、計算するときは盤を脳内に思い浮かべて、そのイメージの中で珠を動かし、答えを出していきます。

そろばんというと、どこかテクニカルで、頭はあまり関係ないと思っている人もいるのですが、**そろばんの肝は、指ではなく頭にある**のです。

大体、3級ぐらいまでいくと大人になっても忘れません（3級になるとかける数×かけられる数で7桁くらいの問題が解けます）。

ただし、たまにあっという間に級が上がる子がいるのですが、そういう子はちょっと注意が必要。定着するまで続けないと数ヶ月後にはすっかり忘れてしまうことがあるからです。目安は3年。3年続けて3級までいけば、一生モノの力として使えます。

ちなみに、プリント式の計算教室も算数に強くなる印象がありますが、**数をイメージしているというよりは、パターン暗記の面が強いよう**に感じます。例えば繰り上がりの問題を解くにしても、イメージするのではなく、答えを瞬発力で書いている子が多い。そういう意図がなくても、何度も同じような問題を解いてスピードを求められたら、結果としてはそうなります。

19

遊びながらイメージ力を身に付けさせる

数をイメージできるようになるため、そろばんを習うのがおすすめなように、**「イメージする」というのは、何かしらの道具・具体的なモノがないと、なかなかうまくいきません。**

例えば、10 dLは1Lです。もちろん、これを知識として暗記することはできます。けれども、ただ暗記するだけだとすぐに忘れてしまいますし、深い部分で理解するのは難しいでしょう。問題のレベルが上がれば上がるほど、こういう基本的なところを具体的にイメージできているか否かが大切になってきます。

おそらく、「小さいうちはどろんこになって遊んでいればいいんだ」という方々も、こういうことをおっしゃっているのでしょう。**紙の上だけで覚えるのではなくて、手を動かし、体験として学ぶことが大切だということ**だと思います。

抽象的概念をきちんと理解するためには、目に見えたり、実際に手で触れられるような具体的なイメージに落とし込むことも大事です。

実生活の中で、イメージできることを増やす

りんご塾でも、ブロックを使って立体を作る遊び（P102～参照）を取り入れていますが、ご家庭においても、**お子さんと一緒に遊びながら算数のイメージ力を鍛えていけるといい**ですね。

いくつか例を挙げておきますので参考にしてみてください。

・立方体をイメージするために、サイコロを紙で作ってみる
・ピザやケーキをカットして、分数の概念を視覚化する
・建物や自然界にある図形を探してみる
・家から学校までの距離を歩いて測る
・地図を使って距離を計測する
・予算を決めて買い物をする
・スーパーでかごを持たせて、1kgになるように商品を入れさせる

20 超トップ層になる子は「目の動き」を見ればわかる

りんご塾は、算数オリンピック入賞を目標に掲げ、算数に特化した授業を展開しています。しかしながら、入塾を希望する方々の一番の目的は、やはり中学受験で志望校に合格し、将来、難関大学に入学することにあります。

実際、**小学3年生の段階で算数オリンピックの予選を通過できたら、大学で医学部に入れる可能性が高いです**。

そういう、超トップ層に難なく入れる子どもというのは、無料体験に来ると一発でわかります。

目の動きが違うんです。

無料体験では、「点つなぎ」や「間違い探し」のプリントを解いてもらいます。「点つなぎ」というのは、白い紙に書かれた1～100までの数字を、小さい順につないでいくものだったり、偶数だけをつないでいったりするものです。「間違い探し」は、形が似た文字が並んでいる中で、ひとつだけ違う文字を探すような問題です（P76〜参照）。

情報処理能力や意欲までもが見える

この**問題を通して見ているのは、情報処理能力**です。

例えば、1から順に点をつなぐ問題の場合。ある子は、まずは1を探して鉛筆をそこに置いて、それから2を探して鉛筆を動かし始めます。しかし、ときに、鉛筆を2に向かって動かしている最中から、目をキョロキョロさせてすでに3や4を探している子というのがいます。そういう子は、非常に情報処理能力が高いです。

それに加えて、意欲もあります。無理やり連れて来られて、やる気があまりない子は、数字を探すなんて面倒くさくて真面目にやりません。本当は高い情報処理能力があるかもしれないけれど、その能力を生かそうとしないのです。

それに対して、**超トップ層に入れる子というのは、情報処理能力が高いのはもちろん、意欲もある。**人間として疲労していないというか、「面白い。受けて立とうじゃないか」という感じのエネルギッシュさがあるのです。

伸びる子がわかる問題①
点つなぎ

黒と赤の数字をそれぞれ、小さい順に直線でつなぎ、
さいごはいちばん小さい数とつないでください。どんな言葉
がでてくるかな？

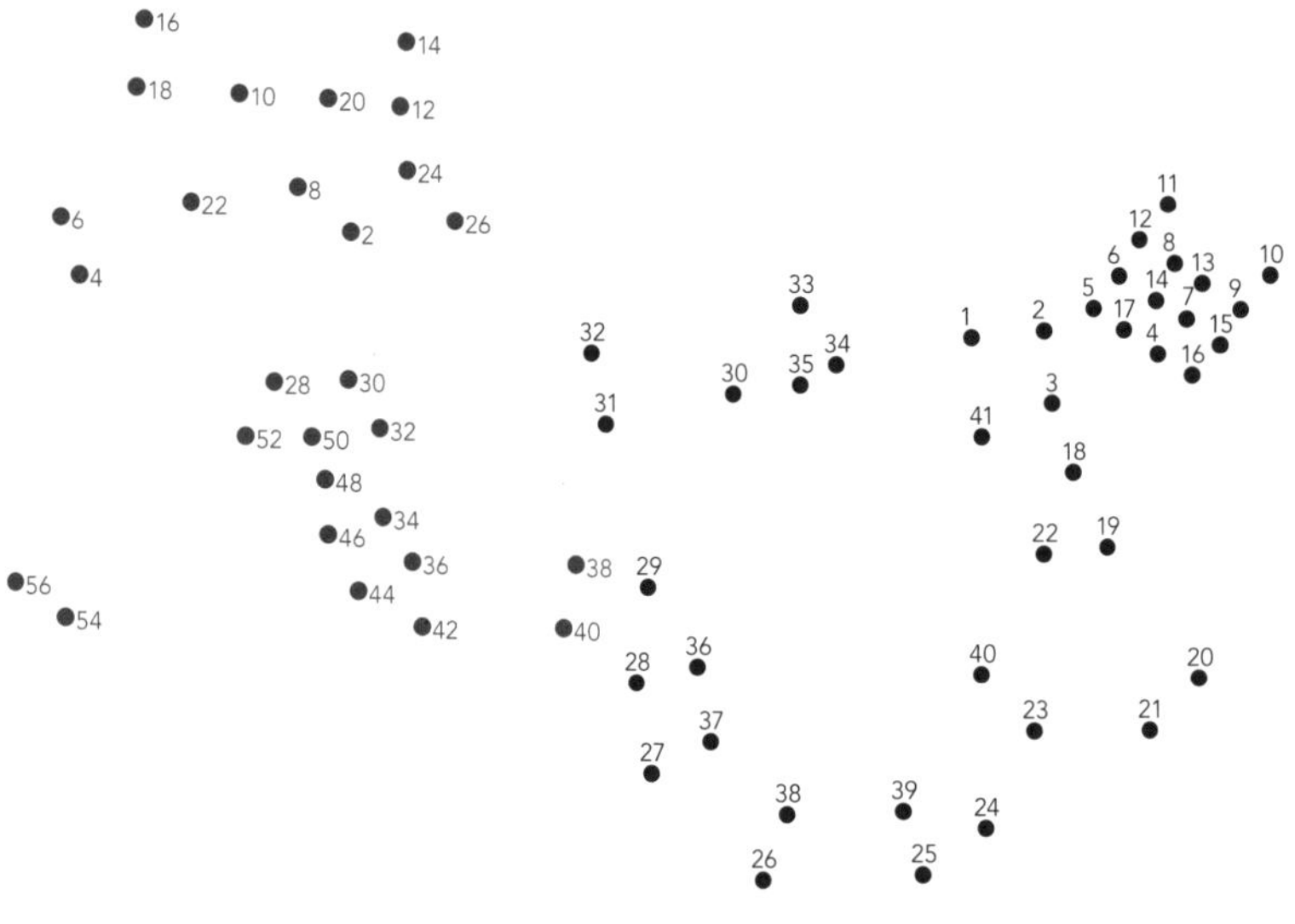

それぞれ、もし1～2分くらいで
できたら天才かも！？

伸びる子がわかる問題②
間違い探し

ひとつだけ違う漢字を抜き出して書き、四字熟語を作ってください。

抽抽抽抽抽抽抽抽抽抽抽抽抽抽斬斬斬斬斬斬斬斬斬斬斬斬斬斬
抽抽抽抽抽抽抽抽抽抽抽抽抽抽斬断斬斬斬斬斬斬斬斬斬斬斬斬
抽抽抽抽抽抽抽抽抽抽抽抽抽抽斬斬斬斬斬斬斬斬斬斬斬斬斬斬
抽抽抽抽抽抽抽抽抽抽抽抽抽抽斬斬斬斬斬斬斬斬斬斬斬斬斬斬
抽抽抽抽抽抽抽抽抽抽抽抽抽抽斬斬斬斬斬斬斬斬斬斬斬斬斬斬
抽抽抽抽抽抽抽抽抽抽抽抽抽抽斬斬斬斬斬斬斬斬斬斬斬斬斬斬
抽抽抽抽抽抽抽抽抽抽抽抽抽抽斬斬斬斬斬斬斬斬斬斬斬斬斬斬
抽抽抽抽抽抽抽抽抽抽抽抽油抽斬斬斬斬斬斬斬斬斬斬斬斬斬斬
抽抽抽抽抽抽抽抽抽抽抽抽抽抽斬斬斬斬斬斬斬斬斬斬斬斬斬斬
抽抽抽抽抽抽抽抽抽抽抽抽抽抽斬斬斬斬斬斬斬斬斬斬斬斬斬斬
犬犬犬犬犬犬犬犬犬犬犬犬犬犬敬敬敬敬敬敬敬敬敬敬敬敬敬敬
犬犬犬犬犬犬犬犬犬犬犬犬犬犬敬敬敬敬敬敬敬敬敬敬敬敬敬敬
犬犬犬犬犬犬犬犬犬犬犬犬犬犬敬敬敬敬敬敬敬敬敬敬敬敬敬敬
犬犬犬犬犬犬犬犬犬犬犬犬犬犬敬敬敬敬敬敬敬敬敬敬敬敬敬敬
犬犬犬犬犬犬犬犬犬犬犬犬犬犬敬敬敬敬敬敬敬敬敬敬敬敬敬敬
犬犬犬犬犬犬犬犬犬犬犬犬犬犬敬敬敬敬敬敬敬敬敬敬敬敬敬敬
犬犬犬犬犬犬犬犬犬犬犬犬犬犬敬敬敬敬敬敬敬敬敬敬敬敬敬敬
犬大犬犬犬犬犬犬犬犬犬犬犬犬敬敬敬敬敬敬敬敬敬敬敬敬敬敬
犬犬犬犬犬犬犬犬犬犬犬犬犬犬敬敬敬敬敬敬敬敬敬敬敬敵敬敬
犬犬犬犬犬犬犬犬犬犬犬犬犬犬敬敬敬敬敬敬敬敬敬敬敬敬敬敬

1 2 3 4

よみかた [ ]

答えはP92に

21

社会性は二の次でよい

りんご塾に通っている子どもたちは、算数が得意な、いわゆる優秀な子が多いので、さぞしっかりしているのだろうと思われるかもしれません。

私立の有名小学校に通っている子のように、身だしなみがきちんとしていて、挨拶がちゃんとできて、お行儀もいい。そんなイメージなのでは？

ところが、実はそんなことはありません。

・挨拶をしない

・靴を揃えない

・行儀よく椅子に座っていられない

こういう子はザラにいます。

特に低学年のうちはそう。

子どもは理由があれば行動する

静岡から無料体験にやってきた小1のAくんもそんな感じでした。

お母さんとの事前のやりとりでは、「うちの子は、塾や習い事に行っても脱走するんです。どこの無料体験に行っても途中で逃げ出すのでご迷惑をおかけするかもしれませんが、どうぞよろしくお願いします」とのこと。そして迎えた無料体験当日。

ガラッと扉を開けて、Aくんがお母さんと入ってきました。そして、おもむろにカバンから恐竜を取り出して一言。

「これ、△?・$ザウルス」

さらに、もう1匹出して、

「これは#♪×ザウルス」

お母さんは、「ちょっとやめなさい」と恥ずかしそうにしていましたが、私は「お母さん、いいですよ」となだめると、次はけん玉を出し技を披露。

しかし、そのあとAくんにプリントを渡すと、Aくんは逃げ出すどころか、非常に集中して次から次へと解いていくではありませんか。

さらに、お母さんと私の雑談（「そんなに儲かってないですよ」というような会話）が耳に入った瞬間、ぱっとこっちを見て「こんなに面白いことをやってるのに？　先生、大金持ちかと思った」と言うのです。面白い子だな～と思いながら、「たぶん、240人に1人くらいしか、キミみたいな子はいないからね」などと会話をして、1時間が経過。すると今度は、カバンからルービックキューブを取り出し、「僕、できるんだよ」と腕前を披露してくれました。

そして帰るときには、「ありがとうございました！」と、しっかり挨拶してくれたのです。

そのときにハッとしました。

「そうか。**子どもは見ず知らずの、わけのわからない人のところに連れてこられて、その人に挨拶しなさいと言われても理由がわからない**よな」と。

大人は、シチュエーションによって取るべき行動がわかっています。けれども、子どもはシチュエーションがどうこうではなく、自分が好きか嫌いか、損か得かで判断します。**だから、子どもであればあるほど挨拶することに理由を求める**のです。

そんな中、Aくんは私のことを、面白い問題をたくさんくれて、丸をつけて褒めてくれたから、自分にとって有用な人間だと判断したのでしょう。だから、次もまたやらせてもらおうと思って、挨拶をしてくれたのだと思います。

自分なりに意味を見いだすのを気長に待つ

この出来事を機に、**挨拶とか靴を揃えるとか、そういう社会性は二の次でいい**と考えるようになりました。ニコニコして帰ってくれたらそれでいいです。

また、いわゆる**通常の挨拶はなくても、子ども独自の挨拶をしてくれていることもあります。**Aくんを例にとると、恐竜を紹介してくれたことが彼なりの挨拶です。「僕はこういうものが好きな人間です」という自己紹介なのです。

今はまだ、人としてできないことがいろいろあるかもしれません。けれども、納得感が生まれたり、それをやる意味を見いだせたら、子どもは必ずできるようになります。私はそのときが来るのを気長に待っているし、そうなると信じています。

22

安心できる環境がないと、勉強する意欲は生まれない

いろいろと優秀な子の特徴を書いてきましたが、実は、**子どもの能力を伸ばすために最も大事なことは「家庭内が平和であること」**です。家族が仲良く過ごすことと言ってもいいでしょう。一緒にソファに座ってお笑い番組でも見ながら、笑っていてください。

なぜなら、**子どもにとってそれが一番の安心だから。**特に、小さい子は安心できる環境があって初めて勉強に集中することができるのです。

りんご塾に来ている子を見ていても、家でごたごたがあったときは一発でわかります。うっかりミスが多かったり、イライラしていたり。

もし、夫婦間で意見の不一致があったり、トラブルを抱えている場合は、プロ（弁護士や税理士、カウンセラーなど）に相談して早期解決を図るのが得策です。

環境と意欲の関連性は、心理学でも重視されている

「人間は自己実現に向かって絶えず成長する生き物である」と仮定した心理学者・アブラハム・マズローの唱えた「自己実現理論」をご存じの方も多いでしょう。「自己実現理論」というのは、人間の欲求を5段階に分けて理論化したもので、「マズローの欲求階層説」とも言われています。5つの階層は下から順に、①生理的欲求（生命を維持したいという欲求）②安全欲求（安心できる生活空間を求める欲求）③所属と愛情欲求（誰かに認められたいという欲求）④自尊欲求（自分で自分を認め、高めていこうという欲求）⑤自己実現欲求（さらに自分の能力や可能性を高めたいという欲求）です。

マズローによると、人間の基本的欲求というのは、一番下の①生理的欲求から順々に満たされていくものであり、**途中で満たされないものがあると、その上の欲求を充足することはできない**そうです。また、一度その階層で欲求が満たされると、その階層では満足できなくなり、次の階層の欲求が活性化していくそうです。つまり、①や②の**「安心できる環境」があって初めて、褒められたいと思ったり（③）、勉強を頑張ろうと思ったり（④）、もっと努力しようと思えたりする（⑤）**ということです。

マズローの欲求階層説

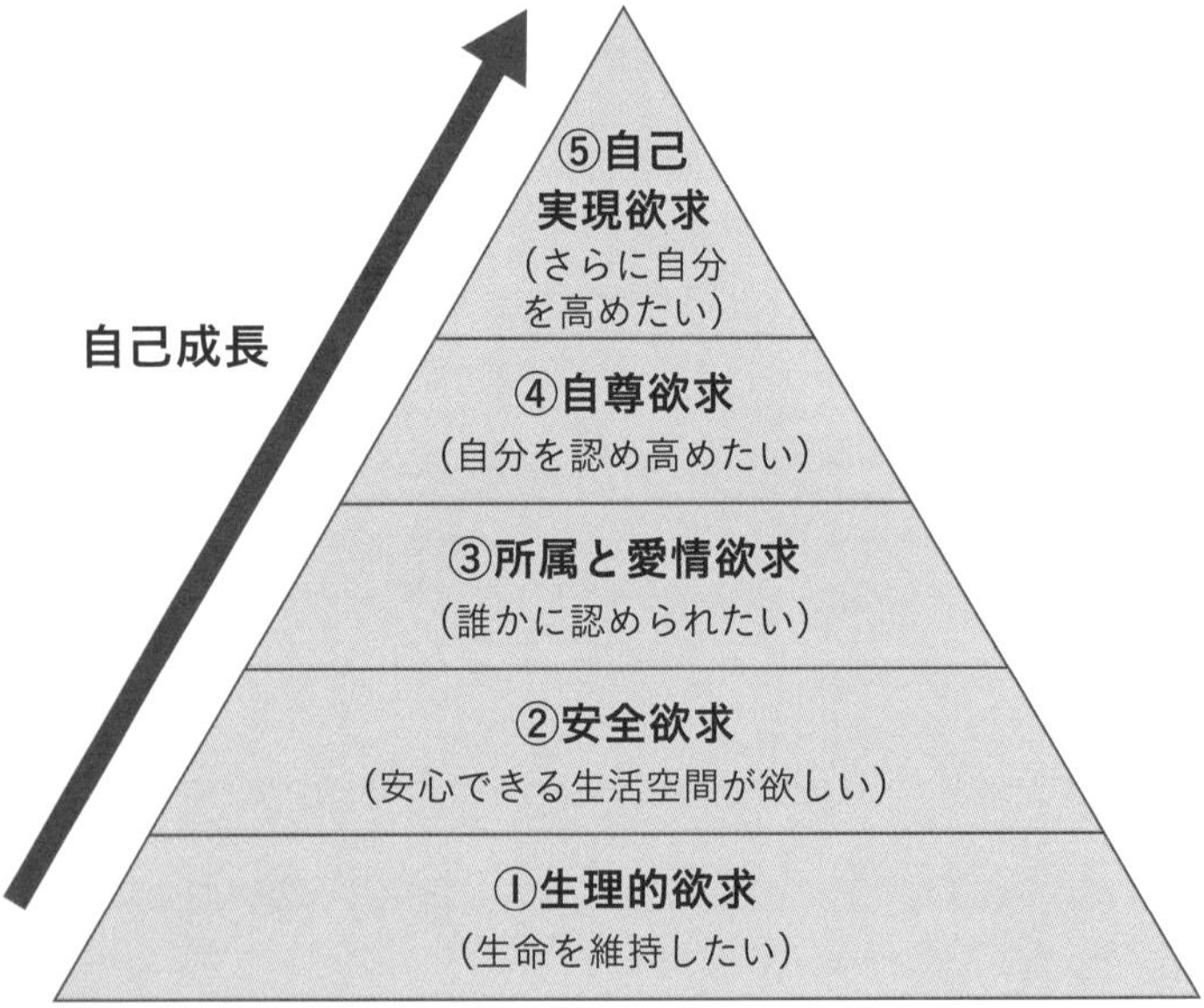

子どもが勉強を頑張ろうと思うためには、安心できる環境や認められる体験が必要です。

23

やらせすぎに注意！親が前のめりになってはいけない

子どもは、お母さん、お父さんのことが大好きなので、**親が喜んでくれることは多少無理をしてでも頑張ろうとします。**

だから私は、子どもの才能を見るのはもちろん、親がやらせすぎていないかどうかも気にするようにしています。

例えば、りんご塾では先取り学習を取り入れているので、優秀な子は、どんどん上の学年の勉強に進んでいきます。

そうすると、親は嬉しいですよね。「これができるなら、こっちもできるだろう」と思って、「もっと上」を望みます。掛け算ができたら、割り算はそれの逆だからすぐにできるだろう、というように。でも、それはまた全然違います。掛け算ができても、割り算を理解するのに時間がかかる子もいます。**進度というのは、子どもの習熟度や経験値、感性など、様々なことが絡み合っている**のです。

そういうことを無視して、親が前のめりになると、子どもはどんどん疲弊していきます。勉強から逃げよう逃げようとしていきます。

親がやらせすぎのサインとは？

親がやらせすぎていることがわかる典型的なサインは、解答用紙に×をつけられるのを異様に嫌がることが挙げられます。

採点をするときに、間違っているので×をつけると「うわー！」と泣き叫んだり、紙をビリビリに破ったりすることがあるのです。これは、昔勤めていた塾でよく見た光景なのですが、とにかく間違ったことを隠滅したがるわけです。

きっと、×が多いと家で相当怒られるのでしょう。わからないことがあって、それを教えてもらうために塾に来ているのだから、間違うのは当たり前です。それなのに、塾でわからないところがあったら怒り狂うというのはおかしな話ですし、子どもは非常に窮屈だと思います。

こういう、**前のめりになっている親御さんは、とにかく量でカバーしようとする傾向もあります。**

「宿題をたくさんください」とおっしゃるので、準備をしながら雑談をしていると、「この問題集も家でやってます。あっちの問題集もやってます」という感じで、与える量が非常に多い。

また、**一度始めたことを途中でやめてはいけないと思っていらっしゃるきらいもあります。**習い事をたくさんして、子どもの適性を探るのはとてもいいことなのですが、合わないと思っても途中でやめません。「途中でやめたら投げ出しグセがつくので」と言って、週に10個ぐらい習い事をさせているご家庭もありました。

「もう少し絞ったほうがいいのでは?」とお伝えしても、うちはしょせん、10個のうちの1個なので、聞く耳を持っていただけません。

そうやって、**教育熱心の度が過ぎると、ひどい場合は子どもにチック症状が出ます。**チック症状というのは、意図せず起こってしまう素早い体の動きや発声のこと。根本的な原因はまだ解明されていないそうですが、不安や緊張などの精神的ストレスが原因となることが多いと言われています。

小さいうちに子どもの可能性を探り、最大限伸ばしてあげることは、たしかに大事です。しかし、負荷をかけすぎて、可能性をつぶさないように気をつけましょう。

子どもにやらせすぎていない？
こんな様子があれば要注意！

- □ 不得意なものを避ける
- □ プリントを見ると反射的に「やりたくない」と言う
- □ ドリルや問題集に×をつけられるのを異様に嫌がる
- □ 難しい問題をやらせると赤ちゃん返りすることがある
- □ 急に癇癪を起こすことがある
- □ チック症状が出ている

「期待」するのではなく「信頼」して見守りましょう

優秀な子どもであればあるほど、「もっとできるはず」と、親は「期待」してしまいます。でも、「期待」するのではなく「信頼」して見守っていきましょう。期待するというのは、親の願いや希望を本人に求めること。それに対して信頼するというのは、「この子は自主的に目標を持ってやっていく」と信じることです。

24

「教育熱心」と「教育虐待」の違い

教育セミナーなどで、彦根のりんご塾に通うために、東京や埼玉などの遠方から通う親子がいると言うと、びっくりされることがあります。

「そうやって子どもの才能を引き出す人はいるんだろうけど、ちょっとやり過ぎじゃない？」と。


たしかに、わざわざ数時間かけて毎週塾に通うというのは、なかなかのことです。お金も時間もかかりますし、その分、家でゆっくりする時間は削られるでしょう。だから人によっては「それは教育虐待に近いのでは」と感じることもあるようです。

しかし、実は**遠くから通う親御さんの中に、そういう人はほとんどいません。**

だって、**ものすごく自由**じゃないですか。

数十分の授業を受けるために何時間もかけて来るなんて。セレブや芸能人が、「カニを食べたいから飛行機に乗って北海道まで行きました」と言っているのと同じくらい自由です。

埼玉から通っていた親子は、「この後、九州に行くんです。あるゲームの大会があるから。うちの子、そのゲームもすごく上手なんですよ」と言いながら、スーツケースをコロコロ転がして行きました。

またある親子は、帰りに琵琶湖でボール遊びをして帰るのが恒例でした。**ちょっとしたイベントや旅行感覚で塾に通っていた**のかもしれません。

つまり、距離は問題ではないのです。

「じゃあ、送り迎えするわ」という感じで、子どもがやりたいと言ったことや、子どものためになることに対してお金や時間を惜しまないというスタンスなのです。

そういうご家庭は、やっぱり明るいですよね。お子さんもハツラツとしているし、お母さんもピリピリした感じは一切ありません。学校も日本国内に限定していないから、開成に行こうか、アメリカに行こうかという感じで、**行動範囲と視野が非常に広い**のです。

こういうご家庭は、教育虐待とはほど遠いのではないでしょうか。

「教育熱心」か「教育虐待」かは親子の様子を見ればわかる！

	教育熱心	教育虐待
親のスタンス	・子どもが好きなことをやらせる ・子どもに向いていることをやらせる ・習い事が遠距離でも気にしない	・子どもの意思を尊重しない ・子どもの特性を考慮しない ・量でカバーしようとする
親の様子	・明るい ・裏方に徹する	・ピリピリしている ・自分が先頭に立って引っ張り回す
子どもの様子	・明るい ・生気がある ・前向き ・主体的	・親の機嫌をうかがっている ・親に怒られたり特訓させられたりするのを嫌がる ・受動的

前のめりになりすぎないよう気をつけて。

＊P76の答え：えび　P77の答え：油断大敵

第3章

「算数力」をぐんぐん伸ばす りんご塾メソッド

25

「なんで勉強しなきゃいけないの」と言わせたら負け

りんご塾を始める前に、とある塾で講師をしていたとき、子どもたちから何度か聞かれたことがあります。

「なんで勉強しなきゃいけないの?」と。

この本を読んでいるあなたも、一度は聞かれたことがあるかもしれません。

子どもがこれを聞いてくるということは、少なくともその相手（塾の講師である私や、親であるあなた）を信頼しているからだと思います。答えをくれたり、気持ちをわかってくれたりすると信じているのです。

だから私は、気持ちに応えるために真剣に考えました。

「シンプルな答えとしては、『生きていくために必要だから』になるけど、子どもが求めているのは、そういうことではないだろう」

そして、次のような思いに至りました。

質問の真意は、「学校や塾の教材や授業が面白くない」という訴えなのだと。

「楽しい」と思える環境をつくることが指導者や親の使命

例えば、恋人同士が「なんで私たちって付き合ってるんだろうね」と言っていたら、その関係は末期です。**楽しいときは意味なんて考えません。**相手と過ごす時間そのものに意味があるからです。

だから、子どもたちが「なんで勉強しなきゃいけないの?」と聞くということは、勉強することに意味を見いだせず、夢中になれていないということ。すなわち「教材や授業が面白くない」ということなのです。

自分が退屈させてしまっている、夢中にさせてあげられていない……。子どもたちに申し訳ない気持ちでいっぱいになりました。完全に私の負けです。

だから、自分が将来作る塾では、夢中になって解ける問題を提供して、達成感を感じてほしいと強く思いました。**それが、塾や指導者の最大の仕事ですし、そういう環境を与えてあげることが親の使命**なのではないでしょうか。

26

「環境」と「仕組み」をととのえれば、子どもは自分でどんどん伸びる

以前、補習塾で小学校高学年を教えていたときの話です。

勉強嫌いの子どもたちは、夏休みの最終日に「夏休みワークブック」を塾に持ってきて仕上げます。勉強があまり得意ではない子たちですから、ワークブックの中のページは、ほとんど真っ白のまま。

それなのに、不思議なことに、みんな**表紙と裏表紙を開いたところにある、「クロスワードパズル」だけはやってある**のです。

これを見たときに、どんなに勉強嫌いな子であっても、パズルは楽しいからやるんだなと気付いたのです。それが、私が教材に「パズル」を取り入れ始めたきっかけです。

楽しい教材があれば、子どもは取り組む

「どうしたら成績が上がりますか?」と、よく保護者の方から聞かれます。

多くの親御さんは、お子さんの成績が上がらない原因を、ゲームが好きだからとか、努力が足りないからとか、あるいは頭が悪いのかも……というふうに考えます。

しかし、そうではありません。

例えば、**同じお子さんでも「楽しいと思える教材」があり、「モチベーションがわく仕組み」があれば、何も言わなくても勝手に勉強を始めてどんどん自走し始め、成績は右肩上がりで良くなります。**

特に小学校低学年で、劣等感もなく、素直で吸収力のある子どもたちなら、なおさらです。

本章では、子どものやる気を引き出し、自然に思考力や集中力が身に付いて、算数力が上がる「りんご塾オリジナルメソッド」をご紹介します。ぜひ、そのエッセンスをご家庭でも取り入れていただければと思います。

27

「天才パズル」で算数を楽しいと思わせる

「天才パズル」は、算数の要素（ときに国語の要素）とパズルが組み合わさった、私が作成しているりんご塾オリジナルの教材です。

例えば、九九を教える場合。

学校だと、「1×1=1、1×2=2……」というように、黒板やプリントに九九を表示して、暗記させるというのが王道だと思います。

それに対して「天才パズル」は、**一見、勉強とは思えないような形式で、自然と九九を覚えられるように工夫**しています（左ページ参照）。

九九以外にも、素数や公倍数など、算数の基礎となる様々な言葉や概念に、幼少期からパズルを通して慣れ親しんでもらっています。

作業的な問題ではなく、**手間がかかるからこそ、できたときに達成感があるし、快感も得られます。**それが「楽しい！」を生むのです。

遊び感覚で算数を学べる「天才パズル」の例

九九めいろ

スタートから入り、5×2=10、5×3=15、5×4=20…と5の段の九九を5→2→10→5→3→15→5→4→20…と進みます。5×9まで行ったら、また5×2からはじめて、ゴールを目指します。

・すべてのマスを通らなくても大丈夫。

・同じマスは1回しか通れません。

	5	40	35	5	5	20	4
	9	8	5	25	5	5	5
	8	5	6	30	25	3	15
	40	35	7	6	5	5	10
	5	9	5	30	35	5	2
	9	5	5	25	5	45	9
ゴール←	45	20	15	45	6	35	5
	20	4	5	15	30	5	40
	2	10	4	3	15	7	8
スタート→	5	2	10	5	3	35	5

＊このパズルは巻末のP247でも子ども向けに紹介しています。答えはP248をご覧ください。

このように「天才パズル」はぱっと見は勉強っぽく見えません。だから子どもも大人も騙されます。

子どもは、勉強だと思わずに、楽しく解いているうちにどんどん算数が得意になっていきます。

大人も、とても勉強とは思えないので、「せっかく月謝を払ってるんだから、こんな遊びは省いてもらって、普通の算数の先取り学習だけにしてください」と言ってこられる方もいます。

でも、子どもはやりたがるので、しばらくやらせてみると……成績が見事に上昇！その結果、「先生、これがりんご塾の秘密だったんですね！」と、大喜びされます。

巻末の天才パズルを実際にやってみよう

この「天才パズル」は、一般書としてＧａｋｋｅｎ、実務教育出版、幻冬舎などから発売しています。多くの種類がありますが、本書の巻末（Ｐ２０９～）に、超厳選の16種類を載せました。ぜひ、お子さんと一緒にやってみてください。

「天才パズル」はここがスゴイ！

勉強っぽくないから
やる気が出る

手間がかかるから、
できたとき
に**達成感**がある

あくまでもパズルだから解けなくても**劣等感が生まれない**

頭を使うから
思考力が高まる

目と頭をスピーディーに動かす
から**情報処理能力**が上がる

だから、いつの間にか算数が得意になります！

28

勉強の前後を「パズルタイム」でサンドイッチする

りんご塾では、楽しく通ってもらうために、授業の前後にパズルや迷路などの「パズルタイム」を設けています。

例えば80分間授業がある場合、こんな感じです。

【はじめの25〜30分】天才パズル（楽しみながら脳を活性化）
【真ん中の30〜35分】通常の算数の問題（進度に応じた先取り学習）
【おわりの15〜20分】立体パズル（楽しみながら空間認識力を高める）

立体パズルで図形のイメージを作る

最初の「天才パズル」は、ウォーミングアップのようなイメージです。頭の中をぐるんぐるん動かして、勉強モードの車輪を回していきます。

そして、**調子が出てきたところで通常の算数の問題を解いていきます。**

最後の「立体パズル」というのは、木製のブロックです（P105参照）。直方体や立方体、テトラポッドのような形をしたブロック数個を使って、指定された形を組み立てます。算数力のある子には数の「イメージ」があると前述しましたが、同様に立体図形や展開図なども、ブロックに触れることで頭の中にイメージが出来上がっていきます。

作る形は難易度によって様々ですが、これのいいところは、**試行錯誤していたらほぼ100%完成させられる**ことにあります。そうすると、子どもは嬉しいですよね。「やったー！」と高揚した気持ちで塾を離れることになりますし、なんなら「もっとやりたい」と感じているはず。

実際、うちの塾では立体パズルを解いたあとに、
子ども「やったー！　もう1問やる！」
お母さん「ダメよ、もう時間だからおしまい」
という攻防のあと、引きずられるようにして帰っていく光景を頻繁に目にします。

せっかくやる気が出ているのに、そこで終わりにするのはもったいないように感じるかもしれませんが、実はこの**「もうちょっとやりたい」で終わりにするのがポイント**です。なぜならそのほうが、次に「続きをやろう」という気持ちが高まるから。

これは心理学で「ツァイガルニック効果」と呼ばれるもので、終えてしまった事柄よりも中断した事柄のほうが記憶に残る心理現象を言います。

りんご塾では、これを勉強に応用することで、塾に来るのが楽しみになるように工夫しています。

これに対して、進学塾の授業は、易しい問題から始めて、だんだん難しくなっていき、最後に一番難しい応用問題を解かせるケースが多いですよね。

先生が黒板に書いて説明してくれるのですが、難度が今日イチなので「なんか、わけわかんないわ」と、ちょっとしょんぼりしながら帰るということが起こります。そうすると、次に行くのも気が重くなるかもしれません。

だから、**ご家庭で勉強する場合も、例えば「天才パズル→宿題→必ず解けて達成感が得られるもの」という3段構えにする**と、モチベーションアップにつながるのではないでしょうか。

7つの立体を組み合わせて
1つの立体を作る「立体パズル」

上の写真のブロックを7つ全部使うと、例えばこのような立体が作れます。

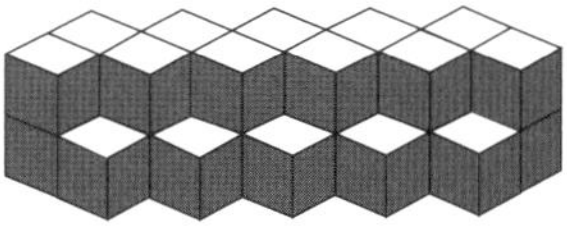

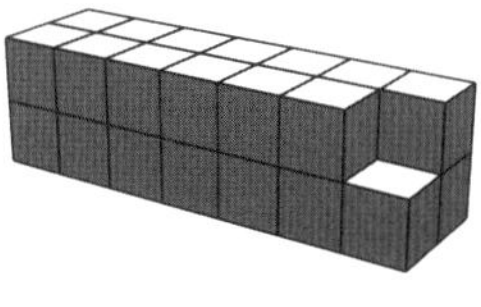

29

「算数検定」で中毒性を持たせる

算数検定というのは、学校のカリキュラムを級にしたもののこと。例えば「小3程度の内容は9級」「小4程度の内容は8級」というふうに、ランク付けされています。思考力が問われる問題というよりは、手順さえわかっていれば解ける問題が出されます。しかも、7割程度とれれば合格します。だから、**基本的なことがわかっていれば大体受かります。**

私は本書でこれまで「算数は試行錯誤するものだ。手順だけ覚えていれば解ける問題は本質的ではない」とお伝えしてきました。

それにもかかわらず、子どもたちに算数検定を受けさせている理由は主に3つあります。

①中毒性を持たせるため

②自分の学年の問題の正答率を上げるため
③将来、受ける試験で確実に7割とる練習を積ませるため

級が上がる仕組みは「中毒性」がある

まず、①について。

ヒントはそろばん教室にありました。そろばんには級があり、昇級すると賞状がもらえます。もともと、りんご塾ではそろばん教室も開いていますが、**級が上がると子どもたちは大喜びする**んですよね。

それを見ていて、「これは中毒性があるな」と思いました。

努力を重ねて挑戦し、級が上がると、**脳の報酬系の回路が刺激されます。**それにより、人は強い満足感や心地よさを感じます。すると、また同じような満足感を得るために頑張るようになります。これが中毒性を生み、「頑張る→結果が出る→さらに頑張る」という好サイクルが出来上がって、どんどん成績が上がっていくのです。

②は、どんなに優秀な子でも、やっぱり人間ですし、ましてや子どもですから、テ

ストで1～2問は間違えてしまうことがあります。

それに対する策として、**100ぴったりの知識ではなく100以上の知識を与える**ということをしています。

自分の学年分の知識しかない子（100の知識）と、上の学年までの知識がある子（200の知識）が、100の知識を問われた場合、どちらが100点を取りやすいでしょうか？　当然、分母が大きい後者です。イメージ的には、100の知識の子が1割間違えると90点になるのに対して、200の知識の子が1割間違えても180点になるという感じです。

③について。

入試問題をはじめ、世の中にある資格試験や検定試験の多くは、7割とれれば合格します。中には8割必要なものもありますが、基本的には7割とれればOK。100％じゃないと合格しませんというような試験は存在しません。だから、算数検定を受けることでその練習をしています。**必要なラインを確実に超えられる力を鍛えている**のです。

先取り学習に最適！「算数検定」

全部で15階級あり、学習段階に応じた級を選んで受検することが可能。一歩一歩着実にステップアップすることができます。

【階級と目安となる学年】

階級	6級	7級	8級	9級	10級	11級	かず・かたち検定
目安となる学年	小学校6年程度	小学校5年程度	小学校4年程度	小学校3年程度	小学校2年程度	小学校1年程度	幼児

【実施日程】

2024年度は4月、7月、10月の3回〈予定〉（個人受検の場合）

※団体受験の場合は、基本的に月に1～2度実施

【申し込み方法】

公式HP参照　https://www.su-gaku.net/suken/

【検定料】

税込み 2700～3200円（6級～11級、かず・かたち検定の場合。級や受験方法により異なる）

算数検定対策におすすめの問題集

『実用数学技能検定®過去問題集 算数検定11級』

（公益財団法人日本数学検定協会編）

※6級～11級まであります。

30

「全国1位」を経験させて自信をつけさせる

りんご塾では、算数検定で先取り学習をするだけでなく、同時に、自分の学年の内容もきっちりおさえていきます。具体的には育伸社の全国模試を定期的に受けさせています。これは、**100点を狙っていきます。**自分の学年の内容は１００％完璧に取れるようにします。

すると、**何がいいかというと、「全国1位」になれる**のです。もちろん、小学生全員が受けているわけではありませんが、子どもにとっては大きな自信になります。「私、算数すごいじゃん！」「僕は算数が日本一なんだ！」と。

この自信を積み上げていくことによって、算数オリンピックや中学受験などの大一番で、難しい問題に立ち向かっていく力を養うことができます。最後の最後、**自分を応援してくれる最大のものは、自分が過去に取った栄光**なのです。

頑張れば100点が取れる！
育伸社の「全国模試」で1位を狙う！

【育伸社の模試の特徴】

・全国規模での順位がわかる。

・自分だけの診断レポートがもらえる（得意・不得意分野がわかる）。

・小学1年生〜3年生までは標準的な難易度の学力診断型（Aタイプ）のみ、小学4年生〜6年生までは受験対応型（Bタイプ）もある。

・個人での申し込みはできない。

【対象】

小学1年生〜6年生、中学生

残念ながら、育伸社の模試は個人では申し込めません。興味のある方は、お近くの受けられる塾を探してください。
大手進学塾の全国模試は個人でも受けられますが難度が高いので、100点を取るのは至難のワザです。

31

「算数思考力検定」と「過去問」で、場数を踏ませる

算数オリンピックでメダルを取るために、「算数思考力検定」と「算数オリンピックの過去問」も採り入れています。

「算数思考力検定」というのは、文章問題が多いのが特徴で、算数オリンピックの易しい版のようなもの。

「算数オリンピックの過去問」や、ときには私が作成したオリンピック向けの模試も解いてもらっています。

こうして、**本番と同じような問題で場数を踏ませて、当日に力を100%出し切れるようにサポート**しています。

中学受験においても、過去問練習は必須です。本番を想定しながら真剣に問題と向き合う練習は、中学受験でも大いに役立ちます。

算数オリンピック本番に備える「算数思考力検定」と「過去問」

「算数思考力検定」は、算数オリンピックの練習に最適。

【階級と目安となる学年】

階級	6級	7級	8級	9級	10級
目安となる学年	小学校6年程度	小学校5年程度	小学校4年程度	小学校3年程度	小学校1～2年程度

【実施日程】

年に3回（2024年度は6月、11月、2月〈予定〉）

※会場受験か自宅受験かによって実施日は異なります

【申し込み方法】

公式HP参照 https://www.shikouryoku.jp/

【6～10級の検定料】

税込み 2500円（6級～10級の場合）

算数オリンピック対策におすすめの問題集

【算数思考力検定】

『算数ラボ 考える力のトレーニング10級』（好学出版編）

※5級～10級まであります。

【算数オリンピック過去問】

『2024年度版 算数オリンピック過去問題集』（一般財団法人算数オリンピック委員会編）

『2024年度版 キッズBEE過去問題集』（一般財団法人算数オリンピック委員会編）

32

えさで釣るのではなく、頑張った報酬としてご褒美を与える

りんご塾では、子どもたちが帰るときにお菓子を1つ渡しています。これは、えさで釣るというよりは、今日頑張った報酬としてあげています。

子どもの中には、機嫌が悪かったり、問題をたくさん間違えたりすると、ギャーッと泣く子もいます。すると、帰り際に「おやつどれがいい?」と聞いても、「いらない」と断ることがあるんです。

それを何度か目撃していて思ったのは、「この子は今日、お菓子をもらう権利はないと思っているんだな」ということ。僕は真面目にやらなかった、ごねてやらなかったから、「いや、僕は今日はいらない」となるんだなって。子どもは**お菓子が欲しいから頑張るのではなくて、頑張った結果を正当に評価されるのが嬉しいのです。**

だから、ご家庭においても、えさをぶらさげてやる気を引き出そうとするのではなく、頑張った結果を褒めてあげてください。

ご褒美は頑張りを認めた証し！
りんご塾が子どもに与えているご褒美例

- □ 宿題をしてきたら、生徒専用の手帳にシールを貼る
- □ シールが１０枚たまったら、ガチャガチャが１回できる
  （消しゴムなどちょっとしたものが景品）
- □ 算数検定で合格したらガチャガチャができる
- □ 模試で１００点を取ったらガチャガチャができる
- □ 帰るときにお菓子を１つあげる

彦根のりんご塾（小泉本部校）にあるガチャガチャ。入り口すぐの目立つ場所に置かれている。

何が出てくるかわからないガチャガチャは、ワクワク感が高いので、子どもたちに大人気！

33

小さなことにも真剣に取り組んで、「選ばれる経験」を積ませる

りんご塾の彦根にある校舎では、実は「書き初め講習」もやっています。冬休みの宿題で出される書き初めを、塾の教室を使って本気で指導しているのです。「なぜ算数の塾が?」と思われるかもしれませんね。

書き初めって、とりあえず出せばいいというイメージをお持ちの方も多いでしょう。そこに力を入れるぐらいなら、その分、主要教科を頑張りたい人もいるでしょう。

そこが狙い目です。みんなが「適当でいいや」と思っていることを、お金を払って習い、真剣に取り組む。すると、ライバルが少ないので学校で上手な人に選ばれたりするんです。

何かに選ばれるという経験は、それがたとえ小さなことであっても、子どもにとって大きな自信になります。「自分はできる」という自信を積み重ねて、自己肯定感を高めていってあげることが、勉強のモチベーションアップにつながるのです。

子どもが得意な分野のコンクールがないかCHECK！

【例：東京都がこれまで実施したコンクール】

□ 水道週間作品コンクール

水道や水道水をテーマとしたポスターと作文を募集。

□ 多摩産材木工・工作コンクール

東京の木・多摩産材の端材を利用した木工・工作を募集。

□ 土砂災害防止に関する絵画・作文

土砂災害防止に関する絵画・作文を募集。

□ 東京都明るい選挙ポスターコンクール

投票参加を求めるもの、明るい選挙に関することを自由に描いたポスターを募集。

□ 東京都交通安全ポスターコンクール

交通安全を呼びかけるポスターを募集。

□ 小学生下水道研究レポートコンクール

下水道について学習した成果を発表。

□ 子供川柳「見つめよう、今と未来のわたしたち」

コロナ禍での思い、気付きなどに関する川柳を募集。

上記は1例です。「お住まいの地域」×「コンクール」「小学生」で検索するといろいろ出てきます。

第4章

「算数力」を育てる声かけ

34

良い声かけをする大前提！「この子はすごい」と思って接する

はじめに、声かけをする上での大前提をお伝えします。

それは、**自分の子どもに対して「この子はすごい！」と、尊敬の念を持つこと。**

なぜなら、子どもは自分を「すごい」と思ってくれる人の言うことを聞くからです。逆に言うと、**自分を見下している人の言うことは聞きません。**

例えば、子どもを指導するアルバイト学生でも、どんな問題でもスラスラ解ける頭のいい学生が指導するよりも、「キミは本当にすごいね。僕はこんな早く解けないよ」と、子どもを尊敬する学生が指導するほうが、子どもは伸びます。

伸びる子の家は、決して上司と部下のような関係性ではありません。**上下関係ではなく、一緒に手をつないでゴールを目指すような、横並びの関係**にあるのです。

小学生のときの自分に戻って、子どもと向き合う

子どもを「すごい」と思うためのポイントは、自分の年齢を下げて、子どもと同じ目線に立つことです。

例えばお子さんが小1の場合。自分が小1のときにその問題を解けたかどうか考えてみるのです。すると、「ろくに椅子に座っていられなかった」「解けたかもしれないけど、こんなに集中力はなかった」など、思い出される点があると思います。

大切なのは、**「今現在、大人になった自分」が子どもを評価するのではなく、「昔、子どもだった自分」にタイムマシンに乗って戻ったつもりで子どもに接する**ことです。そうすればおのずと、「この子はすごいな」という気持ちが湧いてきます。

ただし、親が超優秀な場合は、同じ目線で比べても、やっぱりミスが目立つ場合もあります。「自分が子どもの頃はもっと努力したし、点数もよかった」と。たしかにそうかもしれませんが、**子どもと張り合うのはやめましょう。** ここは大人であるあなたが、大人になってください。親の使命は、子どもの良いところに気付き、褒めて、伸ばしてあげることです。

35

声かけは「仕込み」と「瞬発力」が大事

声かけは大きく2つに分かれます。**「仕込み」がいるものと、「瞬発力」が求められるもの**です。

前者は、その子の現状を踏まえて、**よりよい状態に導くために「仕込み」をします。**そして、結果が出たときに適切な声かけをします。子どもを見守り、導きながら長期スパンで取り組んでいくものだと言えるでしょう。

一方、**後者は、例えばテストで100点を取ったら「すごい!」と褒めるたぐいのものです。**経緯を踏まえずとも、その出来事だけに対して、適切な声かけをすればOK。子どもの気持ちを一気に盛り上げるような瞬発力が求められます。

子どもの能力を引き上げていくためには、この2つの声かけを駆使して、長期と短期の両輪で子どものやる気を高めていくことが大切です。

次の項目から具体的なやり方を説明していきましょう。

子どものやる気を高めるためには「長期」と「短期」の声かけが大切！

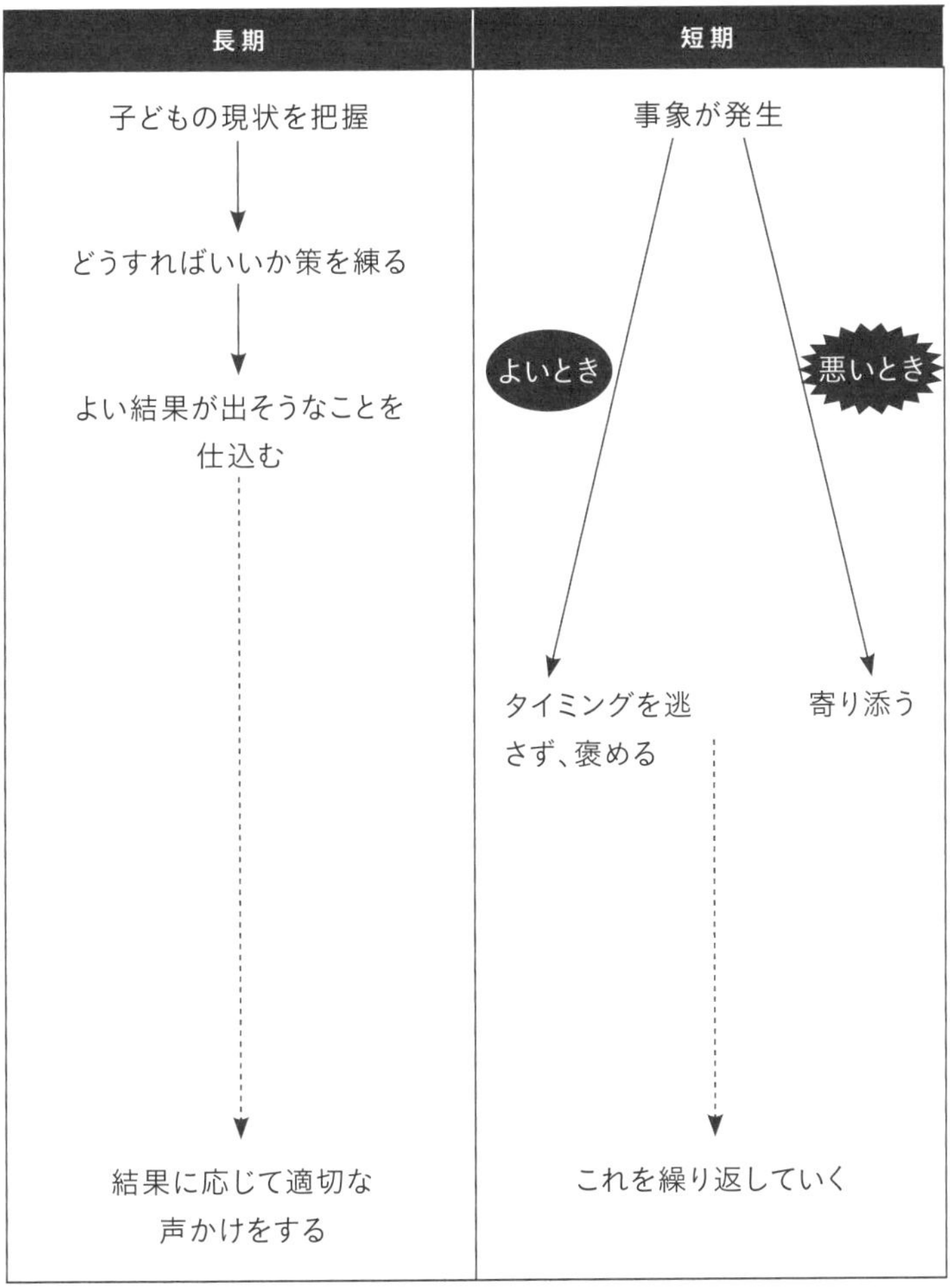

36

本人の自信をよみがえらせる「仕込み」

例えば、ずっと100点ばかりだったのに、最近はどの教科もスランプで、あまりいい点数が取れない場合。子どもは不安で戸惑っていると思います。「あれ、自分はできる子だったはずなのに、おかしいなぁ……」と。

その場合は、それまで「できる子だった」という過去と、調子が狂ってきている現状を踏まえて「仕込み」をしましょう。

ゴール（最終的な声かけをするタイミング）は、数週間後に設定します。そして、全教科を頑張るのではなく、いったん、どれか1科目に集中させてください。**おすすめは、社会や理科などの暗記系。**今習っていることをとにかく覚えさせます（重要ワードを虫食いにしたプリントなどを作成してひたすら覚える）。そうすると、他の3教科はイマイチかもしれないけれど、注力した1科目は必ず良い点数が取れます。

そして、いざ良い点数を取ってきたら、しっかり褒めてあげましょう。もちろん、「すごいね」「頑張ったね」などでも構いませんが、今回は仕込みを施し、長期スパンで成長を見届けたという経緯があります。

ですから、ぜひとも**本人の自信をよみがえらせるような声かけ**をしてあげてください。

例えば、私ならこう言います。

「天才を証明してしまったね」

このような声かけをすると、子どもは笑いながら自信を取り戻します。その結果、また自分でエンジンをかけて頑張れるようになります。

結果が芳しくない場合、親は反省して気持ちを切り替える

ただし、ときには仕込みをしても結果が伴わないこともあります。子どもは**努力していたのに結果が出なかった場合は、指導者（親）のやり方に問題があったと考えましょう。**だからまずは親が自分のやり方を反省し、計画を立て直します。そして「次頑張ろう」と声をかけて、二人三脚で進んでいってください。

37

「瞬発力」のある声かけで、子どもを高揚させる

その場その場で、ポンポンと言葉をかけて、子どもの気持ちを盛り上げていくことも大切です。

例えば、いい気分で勉強ができたら、勉強するのが楽しくなります。

そういうときに、学校の宿題の丸つけや、問題集の採点を親がすることもあると思います。

そういうときに、採点を終えて「はい」と言って渡すだけだと少しもったいないです。

それだと、親にとっては単なる作業になりますし、子どもにとっても「頑張りを褒められる機会の損失」になります。

だから、採点をしている最中も、褒めるチャンスがあれば瞬時にどんどん褒めてあげてください。声に抑揚をつけたりユーモアがあったりするといいですね。

「丸が追いつかない〜！　お母さんが丸つけするスピードよりも〇〇ちゃんの解くスピードが速いから！」

という具合です。

子どものモチベーションが上がる声かけ

解くスピードが速いとき

「丸が追いつかない！ お母さんが丸つけするスピードよりも〇〇ちゃんの解くスピードが速いから！」

「気をつけなよ？ こんなに速く解けるなんて、これはスピード違反なんだから。大人になったら車を運転するときにスピード違反で捕まるかもよ」

正解し続けているとき

「よくこんなのわかるね。じゃあ、こっちはできる？ こっちはさすがに難しいでしょう。え？ できるの⁉ えぇ～‼」

「賢《かしこ》すぎ警報が出てる！ 注意報を超えて賢《かしこ》すぎ警報‼」

38

親の瞬発力を鍛える「2秒で笑わせる修業」

子どもを瞬時に適切に褒める。これをするためには、親自身の瞬発力を高めていく必要があります。

声かけにおける瞬発力というのは、**「相手が褒めてほしいと思っていることを瞬時に見つける」**と同義です。

その子が、本当はここを指摘してほしい、褒めてほしいと思っているところを探すということ。「点数はそれほどよくないけど、文章問題は全部解けた」「前は間違えたところを、今度は全部できた」など、子ども自身が密かに自慢に思っているところを褒めてあげる。あるいは、本人も気付いてない良い部分を見つけて指摘してあげる。

そうすると子どもは自信がつきます。

そうやって自信を蓄積させていくことは、子どもの能力を引き伸ばすために欠かせません。

日常生活のあらゆる場面で声かけの練習を

私は、自分の瞬発力を高めるために、日課にしていることがあります。

それは、**コンビニの店員さんや、お迎えに来たお母さんなどを2秒で笑顔にする**ということ。かれこれ15年以上、修業と位置づけて実践しています。

例えば、コンビニの男性店員さんで、年は40～50歳。ちょっと太り気味。一見、覇気がなさそうなんだけど、「こちらのレジへどうぞ！」と、すごく通る声で案内してくれたとします。そんなときは、「いい声ですね～」と声をかけたりします。

するとたいてい、「ありがとうございます」という感じで笑顔を見せてくれます。

髪を切ったお母さんには、「髪、切りました？　お似合いですね」と必ず声をかけます。近年は、ハラスメントの基準が厳しいので、文脈によっては微妙になりますが、変化に気付けるように努めています。

このように、**日常生活の中で、相手の突出している部分を見抜いたり、変化に気付いたりして、声かけをする練習を積んでおく**と、子どもに声かけをする際にも大いに役立ちます。

39

親はエンターテイナーになって子どもをごきげんにさせる

親が声かけの仕方を工夫することで、子どもをその気にさせていくことは、勉強に限らずあらゆるシーンで大切です。要は、**子どもが笑顔になって、ごきげんで過ごせる環境を提供する**ということです。

りんご塾でも、それを心がけています。

例えば、女の子がちょっとオシャレな格好をして来たとき。

「キミの周りだけパリだ。パリを連れてきたね。キミの後ろにエッフェル塔が見える！」

アイドルっぽい格好をしてきた子がいたら、

「大きくなってスカウトされたら、インタビューのときに塾の名前を出してね。ＡＫＢとか入ったらお願い！」

その気にさせて、最後にオチをつけるパターンもあります。

「○○くん、すごく脚が長いね。背も伸びると思うよ。モデルみたいだから写真を撮っておいたほうがいいよ。なぜなら次、胴が伸びるから」(子どもたちを20年以上見てきてわかったのですが、子どもは最初、脚が伸びて、次に首、そして最後に胴が伸びます。だから、小さいうちに全身写真を撮っておくのは本当にオススメ!)

親もテンション高めで声かけしよう

このように、**子どもをごきげんにさせる作戦は、ご家庭でも実践できます。**

例えば、いつもと同じオムライスを出すにしても、「これ、めっちゃうまく出来た!かなり完成度高いよ」とテンション高めで出せば、よほどまずくない限り、「うん。いつもよりおいしいかも!」となります。

また、なんてことないチャーハンを出す場合も、「今日の晩ごはんはチャーハンだよ」ではなく、「ツナたっぷり　焦がし醤油チャーハンだよ」と言って出すほうが、子どものテンションは上がるはず。

こんなふうに親子で楽しみながら、才能がすくすく伸びる環境を築いていきましょう。

40

子どもは、自分を「子ども扱いしない」人が好き

先ほどの「子どもをごきげんにさせる」に関連した話になるのですが、大人っぽい冗談を言うと、子どもはとても喜びます。**特に、お金の話は大好物**です。

例えば、りんご塾では帰りにお菓子を1つあげていますが、どれにしようかなと選んでいる子どもに、こんな声かけをするのです。

「なんでお菓子をみんなにあげてるかわかる？　実はね、歯医者さんからお金をもらってるんだよ。たくさん食べさせて虫歯にさせるようにって言われているんだ」

あるいは、

「持って帰っていいお菓子は1個だけだよ。2個持っていかれると会社が傾くから」

そうすると、ケラケラ笑って喜びます。**「成長したい」と思っている子どもたちにとって、変に子ども扱いされないというのは、とても嬉しい**ことなのでしょう。

子どもは大好き！
お金をからめたギャグ

単位

消しゴム

41

【シチュエーション別声かけ】
宿題をしないとき

学校から宿題が出ているはずなのに、遊んで、ごはんを食べて、お風呂に入って、テレビを見て、ソファでウトウトしている……。

そんな我が子を見ていると、

「宿題やりなさい！」

ビシッと言ってやりたくなりますが、お子さんを東大や早慶に入れたお母さん方が、こんなことを言っているのを耳にしたことはありませんか？

「**うちは子どもに『宿題やりなさい』とか、『勉強しなさい』と言ったことは一度もありません**」と。

だから、あまり強制しないほうがいいのかなぁと、悩むこともあると思います。

これは本当に難しいです。

結論から言うと、状況によります。

宿題をしていない理由を考えて

例えば、すごく勉強ができる子で、すでに漢字や計算も先取り学習している。そういう場合は、学校の宿題で簡単な計算問題が出たときに、やる気が出ないこともあるでしょう。「こんなの、僕は何年も前から知っている。こんな宿題は理不尽だ」って。そういう子に対しては、「税金はみんな納めないとダメだよね。それと同じ。所得税を納めると思ってやって」などと声をかけて、促してあげてください。

また、単純に宿題があることを忘れている場合であれば、「宿題やったの？」と教えてあげればいいと思います。ただし、こういう場合はこの次が大事です。

親「宿題やったの？」

子「あ、忘れてた」

親「○○○」

さて、○○○には何が入るでしょう？　NGは「あ〜（呆れ気味）」や「まったくもう（怒り半分）」などです。反対に**「思い出してよかった。セーフ。今からやろう」というようなポジティブな声かけならOK**です。

42

【シチュエーション別声かけ】

テストで悪い点が続いているとき

テストで悪い点数が続いたり、うっかりミスが目立ったりすると、声を荒らげてしまいたくなるかもしれません。

「やる気がないんじゃないか」「私はこんなに時間もお金も労力も愛情も捧げているのに、なぜもっと真剣に取り組まないの?」。子どもの能力を伸ばすために一生懸命だからこそ、もどかしくて虚《むな》しくなりますよね。

でも、人間だから誰だって失敗はします。

だから、失敗するのは当たり前だと思って、ダメなときほど同じ立場で寄り添ってあげましょう。**子どもと同等に接していると、こっちが残念がったら共感になります。**

上から叱るのは一番ダメです。本人だって、もちろん悔しくて悲しいんですから。上司と部下のような関係にならないように気をつけましょう。

ダメなときほど同じ立場で寄り添って

✕ 上から目線

「こんなアホなところでミスるなんて！」

「なんでできないの？」

「努力が足りないんじゃない？」

◎ 同じ立場で

「あ〜、残念だったね」

「どうして間違えちゃったんだろうね。お母さんと一緒に考えよう」

「そっか〜。こういうときもあるよね」

うまくいかないことがあったときに、同僚や友達と「なんでだろうね。不思議だね」と話すような気持ちで子どもに寄り添いましょう。

43

【シチュエーション別声かけ】

大事なテストや受験など大一番のとき

りんご塾では、算数オリンピックの直前期になると、子どもたちに次のような接し方・声かけを心がけています。

それは、**「いつも通り」**ということです。

あたかもお役所の方のように淡々と接して、「あれ？　明日は大会でしたっけ？」というような通常運転を心がけています。

ご家庭にも、「豪華なごはんなんて必要ないですよ。納豆と野菜炒めとか、いつも通りにしてください」とお伝えしています。

なぜなら、**親の気持ちの揺れは、子どもにダイレクトに伝わる**から。高校受験、大学受験までいけば、そこまで親の影響は受けないかもしれませんが、小さければ小さいほど、親がドキドキするとそれが子どもに伝わります。

親はどーんと構えておく

自律神経の最近の研究結果によると、近くにいる人の心理状態（交感神経優位or副交感神経優位など）は、周りにも影響することが明らかになっています。

自律神経研究の第一人者である順天堂大学医学部教授・小林弘幸先生のご著書『自律神経を整える　人生で一番役に立つ「言い方」』（幻冬舎刊）によると、名医であるほど、緊急の難しい手術の前はいつも通りだそう。周りが「大丈夫だろうか」とピリピリしている中、「はいはいはい、ちょっと見せてくださいね〜」というふうに、いつも通りゆっくり穏やかに対応する。そうすると、周りのスタッフも「意外と大丈夫なのかもしれない」と落ち着きを取り戻して、手術はうまくいくそうです。名医はそれを知っているから、あえていつも通りにしているのです。

だから、**子どもが大一番を迎えるとき、親は取り乱さないようにしましょう**。ハッパをかけて心を動かそうとする必要もありません。むしろ子どもの心が揺れないように、どーんと構えておきましょう。やるべきことはすべてやってきたのですから。

「テスト、明日だね。忘れ物がないかチェックしておこう」。それくらいで十分です。

44

【シチュエーション別声かけ】他のことに夢中になっていて勉強しないとき

電車を好きな子が、線路を組み立ててずっと電車遊びをしていたり、お人形遊びを好きな子が、一人三役くらいをこなして永遠に話していたり。

大人の感性だと、「よく飽きないな。いつまでやってんのかな？」となるかもしれません。

このようなとき、親はなんと声かけすればいいでしょうか？

正解は、「声かけをしない」です。

つまり、**邪魔をせず好きにさせておく**ということ。

「夢中」になるのはいいこと

「いつも『マイブーム』がある子が伸びる」（P62参照）でもお話ししましたが、マイブームがあるというのは素晴らしいことです。

マイブームはすなわち、自己表現です。だから、それを止められてしまったら、自分が自分ではなくなってしまいます。

したがって、何かに没頭しているとき、声をかけてそれをやめさせたり、否定したりするのはよくありません。

例えば、

「遊んでばっかりいないで、早くごはん食べて勉強しなさい」

「電車のことばっかり考えてて何になるの?」

「他のこと何もしないなら、もう買ってあげないよ」

こんなふうに声をかけて、子どもの「好き」を邪魔するのはやめましょう。むしろ、**「こんなにハマれるなんて、天才かもしれない!」と喜んだほうがいい**です。

もちろん、さすがにごはんの時間、勉強の時間だとなれば、区切りがよさそうなところで「そろそろごはんにしようか」「楽しかったね。じゃ、今度は勉強しよう」と促すのはいいと思います。大切なのは、子どもが好きなことを認めて、のびのびやらせてあげることです。

45

【絶対NGな声かけ】バカにする

低学年の子どもが、**算数や勉強を嫌いになるきっかけの1つに、劣等感を植え付けられること**があります。

例えば、解けない問題があったときに、「なんでわかんないの?」と言われる。そうすると、子どもは素直に「なんでわかんないんだろう」と考えます。そして「きっと自分は頭が悪いんだ」と考えるようになります。

これはとてもかわいそうです。**わからないということは、指導者がその子どもに適切な問題を与えていないことが原因**なのに。そうやって潰《つぶ》されていく子を見ていると、教育者の1人として非常にやるせなくなります。

「なんでわかんないの?」と言う人は、その子がなんでわからないかがわかっていない。だから、「バカって言う人がバカ」と同じで、こんなことを言う人が愚かだと思います。

「バカにする」ＮＧ例

「なんでわかんないの？」

「えっ、間違えたの？」

「どうして？　信じられないんだけど」

「はぁ〜（呆れ気味のため息）」

「なんでこんな問題で100点が取れないの？」

「また間違えたのかぁ」

「いつになったらできるようになるの？」

「何度言ったらわかるの？」

「机に向かってる間、何してたの？」

「こんな問題が解けないなんて、将来が心配」

「これ以上言っても無駄か」

「教えた甲斐がないね」

「期待した私がバカだった」

「もういいよ」

バカにした発言をすると、子どもは「自分は頭が悪いんだ」と思ってやる気をなくしてしまいます。

46

【絶対NGな声かけ】人と比べる

進学塾の中には、成績に応じて席やクラスを決めるところがあります。競争心をあおることで、子どものやる気を高めるという手法です。

それに対して**りんご塾は、学年も進度もごちゃ混ぜ、バラバラでやっています**。その子が来られるときに来るというスタイルです。なぜなら、そうすれば隣の子はライバルではなくなるから。下手に競争心をあおりたくないからです。

勉強は人と比べられるとしんどくなります。**子どもは伸びしろいっぱいだからこそ、進むペースに個人差があります。**そのため、その時点で前にいる子と自分を比べて一喜一憂しても仕方がないし、人と比べられるのは苦しいです。

勉強は、自分との競争であるべきです。だから、人と比べるような声かけはやめましょう。それをされた瞬間、子どもは一気にやる気をなくしてしまいます。

「人と比べる」ＮＧ例

「〇〇くんはすごいのにね？」

「わぁ、△△ちゃんは１００点だったんだって！　それなのにどうしてあなたはこんな点数なの？」

「この子、前回の全国模試でも１位だったよね。すごい子がいるもんだな〜。本当うらやましい」

「〇〇くんはこの問題集を１週間で解いたらしいよ。あなたは何ヶ月かかってるの？」

「△△ちゃんができるなら、あなたもできるはず！」

「どうして〇〇くんはできるのに、あなたはできないんだろう…」

「△△ちゃんは毎日３時間勉強しているらしいよ。あなたもそれぐらい頑張らないとね」

「〇〇くんは△△中学を受験するらしいよ。うちもそれぐらい狙えればいいんだけど……」

「△△ちゃんは家のお手伝いもピアノも水泳も英語も完璧にやってるんだよ。これぐらいできなくてどうするの！」

ママ友同士の会話も子どもは意外と聞いています。謙遜するつもりだとしても、あまり我が子をおとしめないように気をつけましょう。

47

【絶対NGな声かけ】
プレッシャーをかける

算数オリンピックに毎年挑戦している経験から言わせていただくと、**子どもにプレッシャーをかけすぎると、その子は赤ちゃん返りします。**

今まで解けていた問題が全く解けなくなって、逆に「教えて教えて」と甘えてきます。中には、塾に来たとたん、床にゴロンと横になってしまう子もいます。本来、大人も解けない難しい問題を解けるような子たちが、です。

これは、子どもがプレッシャーを感じている表れであると同時に、「助けて」という心の叫びだと思います。「僕は赤ちゃんなんだから、そんなこと出来ないもん。出来なくても仕方ないんだから、怒らないで！」と。

変にプレッシャーをかけることなく、出来るだけのびのびと能力を育んでいってあげたいですね。

「プレッシャーをかける」NG例

「いつも100点なんだから、次も余裕でしょう」

「明日は大事なテストだね。今日の晩ごはんはカツ丼だよ！だから絶対大丈夫」

「これが出来るなら、こっちも出来るはずだよね？」

「このペースなら来年は6年生の問題も解けるよね」

「あなたはお父さんの子なんだから、医学部にだって入れるよ」

「あなたが○○中学の制服を着ている姿を見ることが、お母さんの夢なのよ」

「○○中学に落ちたら、恥ずかしくて近所を歩けなくなるからね」

「あなたは賢いから、試験で失敗するはずはないよ」

「あなたが失敗したら、家族全員ががっかりするよ」

「もし失敗したら、これからの人生が台無しになっちゃうよ」

「あなたが成功すれば、家族全体の未来が明るくなるんだからね」

失敗が許されない大一番の際には特に気をつけましょう。いくらでも挽回できる日々のテストで「100点取れてすごいね。次もきっと100点を取れるよ」ぐらいならOKです。

第5章

Q&A

田邉先生教えて！
こんなときはどうすれば？

48

Q 「算数力」を育てるのは早ければ早いほうがいいですか？

A 数に興味を持ち始めたときが始めどき

本書で私は、「算数力を育てるには、低学年のうちにスタートすることが大事」とお伝えしてきました。

だから、「早ければ早いほどいいのかな？」と悩まれるかもしれません。

私のお答えとしては、

「その子が数に興味を持ち始めたときが始めどき」です。

数に興味を持つというのは例えば、

・テーブルに乗っているみかんを、「1個、2個、3個」と数える
・バスに乗ったときに、乗客の数を数える
・階段を上るときに、「1、2、3」と数える

・時計の秒針を「1、2、3、4……」と口に出して追う
・家の電話番号を勝手に覚える
……など。

これに加えて、車のナンバープレートの数字を足し算して遊んだり、紙に数字を書いて自分で計算したりする子もいます。早い子は、年小ぐらいのときからこんなことを始めます。

もしも、お子さんが**数に興味があるかよくわからない場合は、1〜10まで書けるかどうかが一つの指針**になります。それができれば巻末の「天才パズル」は与えられます（P219の「3D白黒めいろ」やP229の「三角四角めいろ」であれば、数字が書けなくても出来るので、とりあえずやらせてみてもいいでしょう。それをきっかけに数字に興味を持つかもしれません）。

また、例に挙げたようなことを親が主導して一緒にやっていくのもおすすめです。数に慣れ親しむことで、算数に興味を持つ可能性が高まりますよ。

49

Q そもそも椅子に座っていられません

A 半年後にまたやらせてみましょう

先日もちょうど同じようなお悩みをお持ちのお母さんが、お子さん（5歳の女の子）を無料体験に連れて来ました。

お母さんがおっしゃるには、子どもの能力を高めるために、今のうちに何か始めたい。でも、文字や数字を教えようとしても、そもそも椅子に座っていられない。座って何かをやること自体がイヤっぽい。だけど、パズルなら楽しくできるのではないかと思って連れて来たということでした。

たしかに、**きちんと座れるようになるのは、小学生になってからということが多い**ようです。公立の小1だったら、「1学期はみんなが座れるようになればいい」というようなことをおっしゃる先生もいます。

だから、**就学前に「座っていられないんです」と悩まなくても大丈夫**ですよ。小学生になって、だんだん学校生活に慣れていけば自然とできるようになります。

実際、先述のお子さんも、座っていることは難しかったです。すぐに「ママ～」と立ち上がったり、足をぶらんぶらんして体をのけぞらせたりして、あまり集中できていないようでした。ですので「半年後にまた来てください」とお伝えしました。今、椅子に座っていられない子も、半年たてばできるようになることがよくあります。だから、焦らずにゆっくり、その子のペースに合わせていきましょう。

ただし、同じように**椅子に座っていられない子の中には、ギフテッド系が交じっていることも**あります。

「天才パズル」を解きながら歩きまわったり、椅子にのぼったり、「わー!」と声を上げたり。座ることはできないけど、頭はくるくる回転しているのです。もう、喜んじゃって興奮しているんですよね。そういう子は、メダリスト候補です。

椅子に座っていられないとしても、お子さんがどちらのタイプなのかよく見極めてみてください。

50

Q 「天才パズル」に興味を示しません

A 受け入れ態勢が整っているときに渡して

まず前提として、私は「天才パズル」が嫌いな子をあまり見たことがありません。ごくまれに、目がチカチカするから苦手だという子はいますが、ほとんどの子どもは、勉強は嫌いだとしても「天才パズル」は大好きです。

なぜなら、子どもはみんな考える力があるし、考えることは大好きだからです。

勉強が嫌いという子は、型にはめられた感じや、その中の競争に最近負け続けていることに嫌気が差している状態だと思うんですね。

つまり、本当は勉強そのものが嫌いなわけではない。学ぶことが嫌いというよりも、最近、その勝負に勝てないから遠慮したいんですけど……という感じだと思うのです。

だから、勉強っぽくない「天才パズル」にチャレンジすることには抵抗がないはず。子どもにとっては遊びのようなものなので、なぞなぞと一緒。頭をひねること自体が楽しいし、解けなくてもべつに劣等感は生まれません。

私は基本的に、**「時代が移り変わっても、子どもが好きなものは変わらない」**と考えています。今40歳の人が子どもの頃に好きだったものを今の子どもたちに与えたら、同じように興味を示すという仮説の元に教材を作成しています。そうやって作られた「天才パズル」は、時代を超えて今後も愛され続けていくと信じています。

しかしながら、**「天才パズル」に興味を示さないということは、もしかすると渡すタイミングと渡し方に原因**があるのかもしれません。

渡すタイミングは、子どもの受け入れ態勢が整っているときであるのが大事。何か別のことをしているときに渡しても、子どもはそれどころではありません。一段落したり、暇そうにしているときに渡すのがおすすめです。

渡し方はカジュアルに「これ、面白いみたいだからやってみない？」と、気楽な感じがいいと思います。きちんと椅子に座らせる必要もありません。ソファに寝転びながら、暇つぶし感覚で取り組めるようにサポートしてあげてください。

51

Q 苦手な単元を克服させる方法は？

A まだ能力が発達していないだけ。偏りがあってOK

例えば、お子さんが小数の足し算・引き算でつまずいているとします。何度教えても理解できない。

そういうときは、いったんスルーしましょう。そして、1ケ月後ぐらいに改めて教えてあげてください。すると、嘘のようにすんなり理解できることがあります。

なぜ、そんなことが起こるのかというと、能力の発達には個人差があるからです。

その子は、その時点では、小数を理解できるだけの能力が発達していなかった。それだけのことです。

特に、早生まれの子は影響を大きく受けます。その単元を理解できるだけの経験が他の子に比べて少ないので、答えをイメージしにくくなります。

学年が上がるにつれ、つまずきやすい単元は増えていきます。

例えば、単位。「1m＝100㎝」だということは、大人であれば簡単に理解できるし、イメージもできます。でも、それができるのは体験があるからに他なりません。親が子どもの背丈を測って、柱に印をつけながら「140㎝だね」「1・4mだね」ということもできるでしょう。子ども自身に、そういう体験が伴ってくると、「あ、そういうことか」と腹落ちすることがよくあります。

だから、すんなり理解できないところがあったとしても、すぐに完璧にしようとしなくてOK。**人間ですから、能力に凸凹があるのは当たり前**です。凹が気になるときは、むしろ凸の部分に目を向けて、そちらを伸ばしてあげるように努めましょう。

一番よくないのは、無理やり教え込むことです。「これくらいできなきゃダメだよ」と言って、知識を詰め込む。そうすれば、子どもはもちろん「1m＝100㎝」だということを言葉として覚えることはできます。でも、詰め込んだ知識は抜けやすいですし、子どもは勉強が嫌いになるのではないでしょうか。できないことを無理やりやらされるのは、誰だって辛いです。

52

Q マイブームは、ゲームやYouTubeでもいいですか？

A 能動的に利用しているならOK

マイブームを持つことが大切だとしても、子どもがゲームやYouTubeにハマっていると、ちょっと心配になりますよね。

結論から言うと、能動的に利用しているのであればOKです。

例えば、歴史に関するものだけを見ていたり、同じ歌い手さんの動画ばかりを見ているとしたら、そこには子どもなりの確固たるテーマがあります。

ただ単に流れてくる動画をなんとなく見ているとしたら受動的ですが、そこに子どもなりのテーマがあって、自分で検索して見ているとしたらそれは能動的です。

能動的だということは、無駄にダラダラしているわけではないということ。好きなことを獲得するために、YouTubeという媒体を利用しているだけです。

算数オリンピックでメダルを取る子たちも、YouTubeをよく見ています。YouTubeで、上の学年の算数を勉強しているのです。要は、賢く利用しているわけです。

だから、お子さんがYouTubeばかり見ていて、ダラダラ過ごしているように見えたら、どんなものを見ているのか、履歴を確認してみてはいかがでしょうか。**一貫性があれば、よしとする。そうでないなら、時間を持て余していると判断しましょう。**後者であれば、子どもがマイブームを見つけるための手助けをしてあげてください。

なお、ゲームに熱中している場合は、見極めがより一層難しくなります。中毒性が高いものが多いので、そこに溺れている可能性が高いからです。

とはいえ、最近はゲームを通して地名や歴史を覚える子もいるんですよね。突き詰めればプロゲーマーという道もあります。

一概には言えないので、親が子どもの様子を見て、それぞれ判断するしかありません。もしかすると、学校に友達がいなかったり、親にガミガミ言われる反発心からゲームの世界に入り込んでいるなど、**もっと違う原因が潜んでいることもあります。**

53

Q 最近イライラしていて、勉強が手につかないようです

A 迷路をやらせてみましょう

昔中学生を教えていた頃、こんなことがありました。

私が建物の中で授業の準備をしていると、駐車場のほうで「バン！」と大きな音がしました。ちらっと外を見ると、車で送ってきたお母さんを無視するかのごとく、中3の女の子がドカドカ歩いてきています。先ほどの「バン！」は、車のドアをきつく閉めた音だったのでしょう。明らかに機嫌が悪い。

案の上、女の子は塾のドアをがさつに開けて入ってきて、席につくなり「う〜」と、顔を机に伏してしまいました。5分ぐらいずっとそうしているので、**「気が向いたらやって」と言って、私はあるものを女の子に渡しました。迷路です。**

すると、本人的には、おそらく親と喧嘩をして腹を立てているんだけど、塾に来た以上やる気はあるので、とりあえず迷路をやり始めた。

最初はむしゃくしゃした様子で、筆圧も強めでした。しかし、書き進めるにつれて、だんだん無心になってきて、ゴールをしたときには、すっかり落ち着いた表情に。そして、ようやくいつもの精神状態に戻って勉強することができたのです。

実は、迷路には人の心を落ち着かせる効果があります。乱れた心をすーっと整えてくれるのです。

これは経験則ですが、多くの子どもたちを見ていても間違いないと確信しています。

迷路は、入り口があって出口があります。迷いながら道を進んで行って、最後はゴールできる。それが自分と重なるのかもしれませんね。**行き場のない感情が、迷路という物理的なものを通して出口にたどり着くことができる**のです。

だから、友達関係で悩んでいたり、イライラしたりしているときには迷路をさせてみてください。巻末の「天才パズル」にある迷路（P219、229、245、247）でも、市販されている普通の迷路でもどちらでもかまいません。

54

Q ケアレスミスが多いです

A 100点を取らせて95点を悔しがらせて

子どもがケアレスミスをして100点を逃すと、「もうちょっと気をつければ満点だったのに。もったいない！」と親は思いますよね。

しかし、子どもは、この「もうちょっと気をつける」ができません。簡単に言うと、気が緩んでいるんですよね。

なぜなら、本当の悔しさを知らないから。逆に言うと、**本当の悔しさを一度味わえば、ケアレスミスはなくなります。**

具体的には、模試など順位の出るテストで頑張って1回、100点を取らせればいいのです（パターンを覚えればいい内容なら、対策しておけば十分可能です。P110も参照）。

100点を取ると1位になります。仮に100点が200人いても全員1位。

それに対して、１００点を取った次のテストで1問間違えて、95点だった場合。子どもは、「あぁ、今回は2位か」と思います。自分の中では1問間違えただけだから2位だろうと。ところが、順位を見ると50位とか１００位です。**「え〜！　1問間違えただけでこんなに違うの？」と驚き、ここで本当の悔しさを味わいます。**

すると、子どもはもう同じ悔しさを味わいたくないし、１００点を取って1位の快感をまた味わいたいから、それ以降はケアレスミスがないか、解答用紙をしっかり見直すようになるのです。

これ以外にケアレスミスが起こる原因として考えられるのは、知識量が少ないということ。例えば、以前は計算ミスが多かった子が、もっと他のことを覚えたり、より複雑な計算ができるようになると、以前間違えていた計算問題ではまったく間違えなくなることがあります。それは、その当時の知識量が少なかったということです。**100の知識で100を目指そうとするとギリギリの勝負になりますが、150の知識があれば闘いやすくなります。**Ｐ１０８でもお伝えした通り、知識をより多く与えることも、１００点を取るためには大切なのです。

55

Q 家だと解けるのにテストだと間違えます

A 時間を意識させましょう

次のような話をよく聞きます。

お母さんは、キッチンで洗い物や料理をしながら「早く宿題やっちゃいなさい」と子どもに声をかけます。子どもは「はーい」と言ってダイニングテーブルで宿題を始めます。そして、見事全問正解。

ところが、テストになると間違えてしまうのです。なぜ、家では解けるのに学校のテストだと間違えてしまうのでしょうか。

両者の違いは、「時間を意識しているかどうか」にあります。

家で問題を解く場合は、時間制限のないところで、ああでもない、こうでもないと、のんびり取り組むことができます。

それに対してテストは、例えば10分間でやりましょうというふうに、時間が決まっています。

だらっと自分のペースで解くのと、時間制限がある中で解くのとでは、緊張感や真剣さが全然違います。だから、テストでも満点を取れるようにするためには、家で解く際に、時間を意識させることが大事。

例えばりんご塾では、**算数検定の問題を10分で100%取れるように指導しています。**テスト時間は40分なので、4分の1。短時間すぎると思われるかもしれませんが、40分で100点を取れる子と、10分で100点を取れる子とでは、勉強の筋力が全然違うのです。

勉強の筋力というのは、習熟度のことです。例えば100メートル走は、100メートル走り切ることを目的とした競技ではありません。「走れる」ではなく「速く走れる」ことが大切ですよね。それと同じように**算数も、「知識がある」だけではなく「習熟」まで持っていくことが大事。それが勉強の筋力というものですし、それを鍛えるためには、時間を意識させることが必要**なのです。

56

Q 子どもの集中力や、やる気を高める部屋づくりのポイントは？

A 居心地のよさが一番

習い事の場合は、小さめの机で、隣の子と距離が近くて、熱気を感じられるような環境がいいと思うのですが、ご家庭の場合は、居心地のよさが一番だと思います。

親御さんが台所で何かをしていたり、**家族の気配を感じられたりする、安心できる場所で勉強するのがよいでしょう。**

また、自主的な勉強というのは結局、本を読むことでもあるので、お子さんが本を手に取りやすい場所に本棚を置くのもおすすめ。寝転んで読んでいたとしても、それは立派な勉強です。

やる気を高めるという意味では、表彰状などをもらったら壁に貼ってあげてください。りんご塾でも、検定に合格した子の名前と級をデカデカと貼り出しています。

子どもの勉強がはかどる部屋

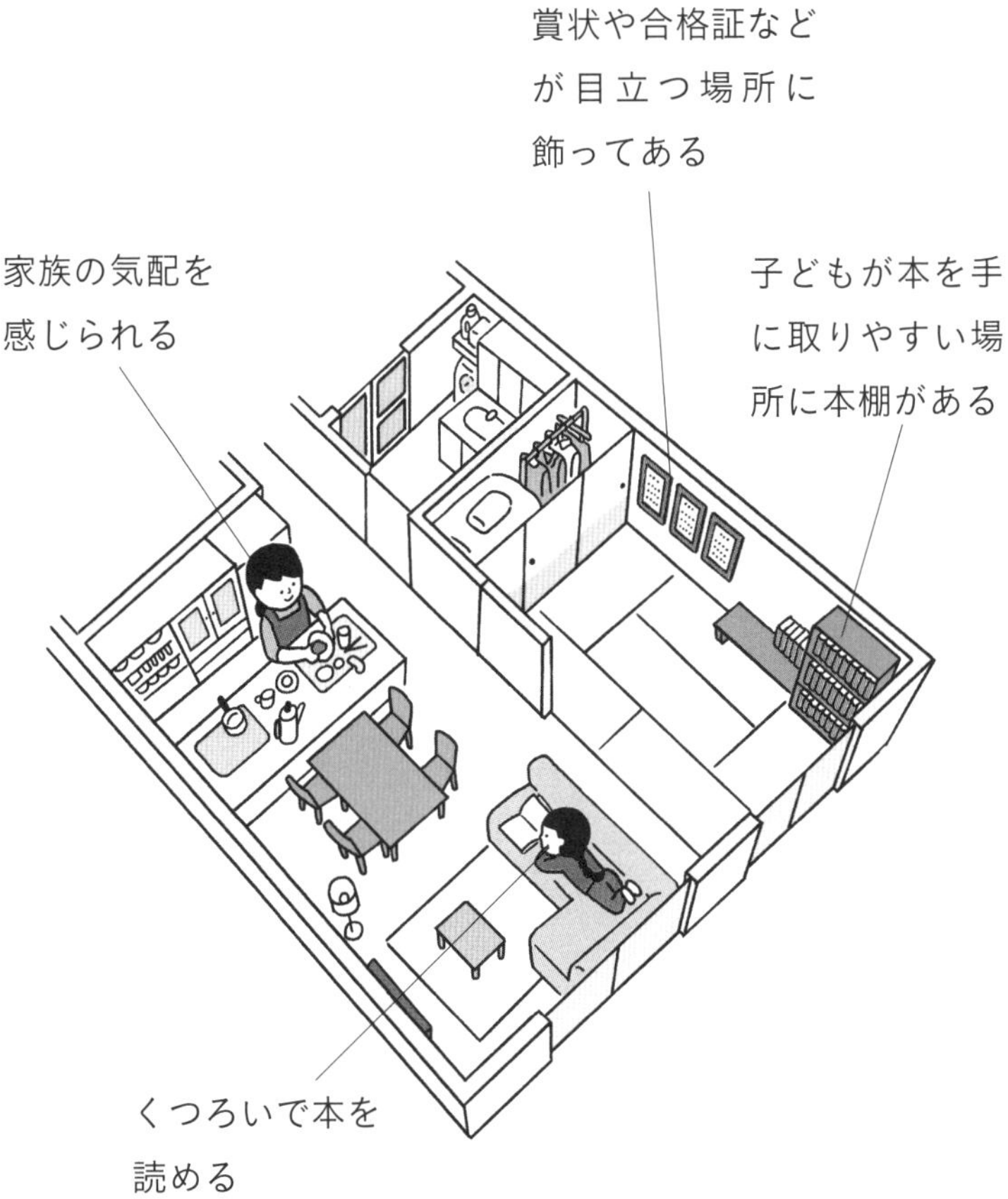
賞状や合格証などが目立つ場所に飾ってある
家族の気配を感じられる
子どもが本を手に取りやすい場所に本棚がある
くつろいで本を読める

57

Q 褒めて伸ばしたいのに、怒ってばかりになります

A できない子ほど努力していることをわかって。

以前、教育セミナーで登壇した際、小4の子のお母さんから同じような相談をされました。詳しく聞くと、お子さんは中学受験を予定していて、進学塾に通っているそう。お母さんとしてはなるべく褒めて伸ばしたいのだけど、テストで同じようなミスを繰り返すし、最近はやる気もないそう。「さすがに怒るしかなくて。どうすればいいですか?」とのこと。

P136でもお伝えした通り、基本的にはダメなときほどお子さんの気持ちに寄り添うことが大切です。**怒っても、やる気にさせることはできません。いじけさせるだけです。**だから、イラッとして怒鳴りつけそうになったら、いったん深呼吸して心を落ち着かせましょう。そして、どうしてやる気が出ないのか、集中できないのかな

ど、成績が低迷している要因を一緒に考えてあげてください。**与える教材や環境がお子さんに合っているかどうかも検討が必要**です。

そしてもちろん、褒められる部分があればしっかり褒めてあげましょう。前提として、テストや模試では解けない問題が必ず出ます。模試であれば、点数差をつけたり、順位をつけたりするために、あえて超難問も出されます。だから、点数だけを見て反射的に怒るのはよくありません。次のような変化が見られたら、すかさず褒めてあげてくださいね。

- **ケアレスミスが減った**
- **前回間違えたのと同じような問題が今回は解けた**
- **集中する時間が増えた**

塾や学校というのは、「結果が出ないのは努力が足りないせいだ」という論理で、できない子に勉強をたくさんさせようとします。だけど、できる子は努力していません。**できない子の方が実は努力しているのです。**

だから、できる限りその子基準で判断してあげてください。

58

Q 大手塾と個人塾、どちらに通わせるのがいいですか？

A 半分より下で苦戦しているなら個人塾へ

大手は、確立されたカリキュラムや、受験に関する最新情報をたくさん持っているので、大手塾に通うメリットは大きいです。

しかし、その分、生徒数が多く、生徒間の競争意識も高いです。そういう空気が合わない、集団授業についていけないという子は、個人塾へ通われるほうがよいでしょう。

具体的には、**半分より下の層にいるなら、いったんそこから出ましょう。**

そうしないと、月謝の運び屋になってしまいます。

大手であればあるほど経営にもシビアです。できるだけ優秀な子を集めて、進学実績を積み上げて、来年も生徒を集めようとします。そんな中、真ん中より下の子たちというのは、大手塾からすると貢献度が低いと言わざるをえません。だから、月謝を運んでくれればＯＫという扱いになりますし、三者面談などでお子さんの苦手分野をクローズアップして、できるだけ多くお金を投入させようとします。

また、生徒数が多いため、お子さんがどこかの単元でつまずいていたとしても、個人塾のように、きめ細かく見てあげることは難しい面があります。算数が苦手ですとなったら、「じゃあ、うちの系列の個別指導があるので、そちらを取ってください」となるでしょう。そもそも、そのカリキュラムが合っていないのに、合っていないカリキュラムに無理やりついていくために個別指導を受けて、時間とお金、労力を費やすことになるのです。

私は決して、大手塾を悪く言いたいわけではありません。ビジネスだから当然ですし、大手には大手のいいところがたくさんあります。**しかしながら、向いていない子にとっては厳しいものがある**という現実をお伝えしているだけです。

月謝の払い損にならないように、お子さんがどういう環境に身を置くことがベストなのかをよく考えてあげてください。

59

Q 高学年になり突然算数が苦手に。まだ復活の方法はありますか？

A つまずいている部分に戻ってやり直せば大丈夫

高学年になっても、算数をV字回復させることは不可能ではありません。**つまずいているところまで戻ってやり直せばいい**だけです。

だから、まずはお子さんがどこでつまずいているのかを把握してください。子どもは、**自分ができないところを隠そうとしがちなので、優しく接することが大切**です。問題を解かせたり、会話をしたりして、つまずいている部分を探っていきます。そして、発覚した際も怒らないように気をつけましょう。

「えっ、こんなところがわかってなかったの？」と内心びっくりしたとしても、顔に出してはいけません。言葉にも出さぬよう気をつけて。

つまずいている部分がわかったら、まずはそこを勉強し直します。

ただし、普通にやり直させるだけだと、本人は面白くないですよね。プライドもあるでしょう。「なんで5年生のオレが、3年生のドリルなんてやらなくちゃいけないんだ」となります。そういうときにも「天才パズル」は便利。学年をカムフラージュすることができるので、子ども自身が気づかないうちに、苦手を克服することができます。

もちろん、家事や仕事に忙しい親が、これらをすべてやるのは大変です。だから、プロに任せるというのが現実的かもしれません。

その際に意識していただきたいのは、指導をお願いするプロに「情報圧縮」をしないで伝えること。

例えば「算数が苦手です」「計算が苦手です」ではなく、「計算問題で桁を間違えることが多いです」という具合。

このように事実を細かく伝えてもらうほうが、アドバイスはしやすいです

情報を圧縮することなくお子さんの情報をなるべく具体的にプロと共有して、導いていってあげてください。

60

Q 小5から塾へ行き算数の成績が低迷中。中学受験に間に合いますか？

A 「大学受験で成功する」のが目的ならまだまだ間に合う

もし、中学受験を目標にしているけれども、すでに出遅れている場合、算数力を身に付けるのは時間との闘いになります。

難関校は難問も多く、その場しのぎの勉強では太刀打ちできない場合が多いので、レベルの高い学校に合格するには時間切れになる可能性もあります。だから、**そんなときはもっと長期スパンでとらえてみましょう。**

志望校にギリギリ合格するよりも、地元の中学や、そこまで難関ではない中学へ進学し、いったんリセットして新たな気持ちで数学を学んでいくほうがいい場合もあります。

たとえレベルの高い中学にギリギリで合格できたとしても、その後はキツイです。

本人は非常に苦労します。もちろん、その環境が、その子の能力を引き上げるのに寄与することはありますが、周りは自分よりできる子たちですからね。**そこで劣等感がついたら、その後の人生が生きづらくなる**かもしれません。

間違いなく言えるのは、中学がゴールではないということです。難関校は難関大への合格実績が高いですがそれも上位の子です。大学受験を復活のタイミングととらえて、長期スパンで見守ってあげてもいいのではないでしょうか。

個人的には、**苦戦している場合は志望校のランクを下げて、その中で上位を目指すのがおすすめ**です。特に、新設したコースがある学校は狙い目。学校としては、そのコースで実績を出したいので、先生も非常に熱心ですし、優秀な生徒は優遇されます。そういう環境に身を置いて、大学受験を目指したほうが圧倒的に有利です。

現状は、一般受験ばかりでなく「推薦」や「総合型選抜」などを行う国立大学や難関私大が増えてきています。中位校の中で、推薦がとれる上位の目立つ生徒としての地位を獲得するほうが、結果的に希望の大学に行けることもあります。

第6章

結局「算数力」がある子がすべてに勝つ

61

「算数力」があれば、あと伸びする

りんご塾で鍛えられる「算数力」のレベルは、子どもによって様々です。

・算数オリンピックでメダルを取れる子
・メダルには手が届かないけれど、難関中学に合格する子
・難関中学は難しいけれど、人気が高い中学に合格する子

しかしながら、この子たちには大きな共通点があります。

それは、「考えるのが好き」だということ。「はじめに」で述べた算数力の定義である、「考えるのが好きな力」があるのです。

それさえあれば、幼少時にはそれほど抜きんでた様子がなくても、あと伸びすることは十分可能です。

偏差値50からの大逆転！　狙うは東大か医学部か

数年前、りんご塾に通っていたBくんはまさにそんな子どもでした。

Bくんが初めてりんご塾にやってきたのは小学1年生のとき。なんと、東京・目黒から、はるばる彦根まで通っていました（しばらくすると、東京にも校舎ができたのでそちらへ移りました）。

Bくんの実力としては、「算数オリンピックでメダルを狙うのは厳しいなぁ」という感じ。正直言って、まったく歯が立たないレベルです。

お母さんも、最初はいろいろな夢と希望を胸にBくんを連れてきていらしたのですが、しばらくすると「うちの家は東大の目の前にあるんですけど、東大はやっぱり無理ですよね……」と、肩を落とす始末。

でも、**Bくんは図形とブロックがものすごく好きで、とにかく考え続けることをいとわない子だったのです。**

そして迎えた中学受験。合格したのは、算数1科目入試のある、当時、偏差値は50ぐらいの学校でした。

Bくんは、今、高校1年生ですが、一番の悩みは、なんと「東大に行くか。医学部に行くか」なのだそう。

進学後に、数学はもちろん他の教科の成績もぐんぐん上がっていき、今やすっかり優等生になっているのです。偏差値50で入った子が、そこまであと伸びしているのです。

キラリと光るものがなくても、中学・高校で能力が開花

Bくんのような例は他にもたくさんあります。

Cくんもそうです。彼は、それほど情報処理能力が高いわけではないし、初めて来たときすでに小学4年生でした。P40でお伝えしたように、りんご塾のスタンダードは、小3まで通って4年生からは進学塾へ移るというもの。もちろん、4〜6年生向けの算数オリンピックもあるので、本気勢は4年生以降もりんご塾に残ります。しかし、多数を占める中学受験組は、4年生になるとやめていきます。

そんな中、Cくんは4年生で初めて来塾。目的は中学受験です。私としては「遅い

よ〜」という感じだったのですが、Cくんは毎週楽しく通ってくれました。その結果、中学受験では桜が散ったものの、高校は地元のトップ校に合格したのです。

また、小学3年生からりんご塾に通っていたDちゃんは、中学受験で不合格、高校受験もうまくいかず、第3希望の高校に入学。しかし、結果的には指定校推薦で同志社大学に進学しました。小中の間は伸び悩んでいたものの、腐らずに、自分のペースでコツコツ勉強し続けた賜物だと思います。

彼らが教えてくれるのは、**考えることが好きな「算数力」さえ育むことができれば、子どもは十分あと伸びできる**ということです。

世の中的には、ちょっと無理をしてでも中学受験で頑張って、将来のために先手を打つ傾向があります。

けれども、**結局、競争社会で最後まで勝ち上がっていく人というのは、何事も楽しんでやっている人がほとんど**です。

言われもしないけど勉強をしていた。勉強を勉強と思わずに、努力を努力と思わずに。**そうやって考えることを楽しんでいた人が勝ち上がっていく**のです。

62

記憶力は落ちても、思考力は衰えない

子どもの頃は神童と呼ばれていたのに、大人になってみると「あれ？」となる人が世の中にはいます。

その理由は実にシンプル。**子どもの頃は記憶力に頼って、知識を詰め込んでいただけだったから。**

記憶力のいい子ども時代は、物知り博士と呼ばれていたり、算数でもパターンを覚えて、高得点を得たりできます。しかし、**年齢が上がるとともに記憶力は衰えていくので、「頭のよさ＝記憶力」だった人は失速してしまう。**ただそれだけのことです。

一方、**幼少時から思考力で勝負していた子どもは、大人になっても失速することはありません。**むしろ、どんどん能力が高まっていきます。

思考力とは、端的に言うと考える力です。算数オリンピックの問題は、パターンをあえて外した問題が出ます。順位を決めなくてはいけないので、パターンを知っていれば誰もが解ける問題だと得点差がつかなくなってしまうからです。

算数オリンピックの問題に挑戦したり、「天才パズル」を解いたりして、子どもの頃から考える力を鍛えている子は、どんどん知の筋力がついていきます。

思考力を鍛えていけば年齢も味方につけられる

暗記するのではなく、考えることがベースとしてあると、新しい問題や状況に直面するたびにどうすればいいかを考えます。検索して、誰かが考えた答えを外側から引っぱってくるのではなく、自らの経験と知識を紐づけて、自分の頭の中で答えを導き出します。**生きている時間が長くなればなるほど、問題に直面する機会も増えるので、そのたびに、思考力がどんどん磨き上げられていく**のです。

年齢が上がるにつれて、記憶力が落ちるのは仕方がありません。だから、そこで勝負していると、年齢が上がったときに若い人に簡単に負けてしまいます。

大切なのは、自分の努力次第でいくらでも高められる思考力を早いうちから鍛えていくこと。算数力を身につけて、思考力を鍛えていけば、年齢も味方につけることができるのです。

63

ビジネスシーンで活躍できる

算数力があれば、社会人になったときにビジネスシーンで活躍できます。思考力があり、算数が好きで、数学も得意になれば、たくさんの能力が芋づる式に身に付いていくからです。

例えば、「情報処理能力」。算数力がある子は、「天才パズル」の点つなぎなどをやらせると、ものすごいスピードで解いていきます。点を見る、次の点を探す、鉛筆を動かすなど、多くのことを同時並行で素早くこなしていきます。こういうスピード感がある子は、大人になってからもやっぱり仕事ができますよね。**たくさんのデータから必要な情報を抽出して整理したり、分析したりできるので、スピーディーな意思決定が可能**となるでしょう。

「場合分け」も大いに生きます。場合を分けて考える能力というのは、ビジネスシーンで非常に重要です。ビジネスというのは、状況に応じてそれぞれ最適解が異なります。ですから、Aの場合はこう、Bの場合はこう、というふうに、**異なるシナリオに対して適切な道筋を描いて、すぐにアクションを起こせる**ように準備しておくことは、仕事を成功させる重要な要素です。

「確率」もそう。ビジネスの決定には常にリスクが伴うので、リスクを数値化することで、適切な対策を講じることができます。

また、確率を深く理解していたら、年末ジャンボは買わなくなるのではないでしょうか。もちろん、娯楽として買う分にはいいと思います。でも、冷静に考えたらほぼほぼ当たらないですよね。りんご塾の子どもたちによく言うのは「1等が当たる確率というのは、券の全部の数がゾロ目だったときと同じなんだよ。全部が7777777となっているのと、1等になる確率は同じ。君は、3つとか4つとか、7が続いているやつを見たことある？　それすらないでしょ？」と。それを聞いた子どもたちは「買うだけ損じゃん！」と言っています。

日常生活でも役立つシーンがあちこちに

そして、**決してあなどれないのが「計算スキル」**。商談やプロジェクトのコスト計算、予算管理など、基本的な計算のスキルはビジネスの日常業務において不可欠です。超文系の方の中には、数字を見るのもイヤだという人や、エクセルで計算するのが苦手だという人もいるので、意外と大事。

実際、計算スキルというのは日常生活で一番使えますよね。消費税の計算をはじめ、セール品の割引後の価格計算、インボイスのややこしい計算、さらには、子どもが大学を卒業するまでにかかる教育費や、自分たちの老後資金の算出など、計算する機会は非常に多いです。**数字そのものや計算に弱いと、お金の面でも損をすることが多い**ので、計算スキルがしっかり身に付いているというのはとても大切です。

このように、算数力があれば、ビジネスシーンで活躍できるのはもちろん、人生においても役立つシーンが満載。**算数力は人生を歩んでいく上で大きな財産になると言えるでしょう**。

算数力があれば困らない！ビジネスシーンで求められるスキル

□ **情報処理能力**

大量のデータから必要な情報を抽出し整理する能力や、早く正確に情報を理解し、分析する力があれば、仕事のスピードが上がるとともに、精度も高まります。

□ **場合分け**

場合分けは、特定の条件が満たされる場合に特定のアクションを実行するための論理的なプロセス。意思決定やカスタマーサービス、価格設定戦略、プロセスの最適化など、求められるシーンは多いです。

□ **確率**

確率や統計的な概念は、市場調査やリサーチ、リスク評価などの場面で活用できます。

□ **基本的な計算スキル**

コストや予算管理など、基本的な計算スキルは欠かせません。

□ **割合や比率の理解**

利益率や成長率、市場シェアなどのビジネス指標を理解し、比較するためには割合や比率の概念が必要です。

□ **価格設定と割引計算**

商品やサービスの価格設定、割引の計算などに算数が使われます。価格戦略の構築においては適切な価格の設定が重要です。

□ **データの整理と分析**

数値データの整理や簡単な集計に算数のスキルが役立ちます。

□ **時間管理とスケジューリング**

進捗管理やプロジェクトのスケジューリングにおいて、日数や期間の計算が必要となります。

64

ビジネスの勝ち筋が見える

これは具体的に何という能力になるのか定義が難しいのですが、**算数力があると「ビジネスの勝ち筋を見る力」も養われる**と思います。

手前味噌ですが、算数力がある大人の一例として私の話をさせてください。

りんご塾は、滋賀県彦根市でスタートした塾です。しかし、2014年以降、算数オリンピックで多くのメダリストを輩出していることが評価され、近年急速に規模が拡大しています。2017年にフランチャイズを開始して、東京、神奈川、千葉、埼玉エリアにも展開。2024年4月には、全235教室となる予定です。

「え〜。全然、彦根の塾じゃないじゃん」と思われたかもしれません。そうですよね、彦根という田舎の小さな塾だから興味を持ってくださった方もいるでしょう。

「そんな田舎でそれだけの実績を出すということは、よほどすごいメソッドがあるのだろう」と。

実は、そう思っていただくことが、塾を作るときの戦略の柱だったのです。**私は以前から「特異値」が好きでした。** 例えば、10月10日が好き。なぜなら、異様に晴れるから。10月10日は、晴れる確率が非常に高い「特異日」なのです（そのため1964年の東京オリンピックの開会式が催され体育の日に設定されたと言われています）。

ですから、塾を作る上でも特異値を出すことを意識しました。**彦根という地方都市で、算数オリンピックのメダリストを出しまくる特異値を出そうと。** そうすれば、必ず注目されると思ったからです。

しかしながら、実を言うとこれは特異値でもなんでもありません。確率を考えれば、いたって当然の結果なのです。

というのは、彦根市の人口は約11万人。非常に大雑把に1つの年齢に何人いるのかを計算すると、約1000人になります（実際には、各年齢の人口は均等ではないですが、0歳から100歳までの範囲を均等と考え、11万÷100＝約1000）。つまり、1学年につき1000人いるということ。この1000人を対象に塾を始めた場合、果たしてメダルを取れるでしょうか？　私が立てた仮説を箇条書きで説明します。

彦根でメダリストを輩出できる？仮説を立てる論理的思考プロセス

・前提として、算数オリンピックでメダルを取れる子は、東大や京大、医学部などに合格できる子と同レベルとします（過去のメダリストたちを元に判断）
・東大、京大、医学部の合格者数は、毎年約1万人
・全国の、1年あたりの出生数は約100万人（当時）

つまり、非常に大雑把に言って、100人に1人は東大、京大、医学部に合格できる計算になります（出生数100万人分の合格者数1万人）。

これを踏まえて、彦根市で塾を構えた場合、メダルが取れるかどうかを引き続き考えてみましょう。

・彦根市の1学年あたりの人数は、先述の通り約1000人

・そのうちの100人に1人は東大、京大、医学部に行く可能性がある
・ということは、1学年あたり10人は、メダルを取れるポテンシャルがある
・しかも、彦根市で中学受験をする子はほとんどいないので（私立中学がない）、頭がいい子も塾に通わず、そのまま残っている可能性が高い

以上のことから、彦根でも、算数オリンピックでメダリストを輩出することは十分可能だという仮説を立てました。そして実際、その通りになったのです。

ここには、論理的思考力や確率など、複数の能力が入り交じっていると思います。それに加えて、例年メダリストを輩出できているのは、確率論だけでなく、子どもの「算数力」を伸ばすオリジナルメソッド（第3章参照）があってこそだと自負しています（確率だけで考えると、人口が多い都心の塾のほうが有利なはず）。

こんなふうに、**ビジネスの戦略を描いたり、プランを練ったりしているとき、私自身、とてもワクワクします。**これも、算数力の特徴である「考えるのが好き」の賜物でしょう。

65

「初めて見る問題を楽しんで解ける力」が人生で最も大事

算数オリンピックに挑戦している子どもたちを見ていると、私は「ルパン三世」のルパンが頭に浮かんできます。

ものすごくピンチに陥って、さすがにこれは無理だろうというクライマックスにさしかかると、ルパンは言います。

「次元、やっと面白くなってきやがったな」と。

絶体絶命。もう勝てない。諦めるしかない。**99%の人がそう思うシチュエーションで、彼は「面白くなってきた」と言ってのけます。**そして見事、危機を脱して大勝利を収めるのです。

算数オリンピックに挑戦している子どもたちも同じです。

難しい問題が来たときほど喜びます。「よっしゃ〜、やってやるぞ」とばかりに、目を輝かせて難問に立ち向かっていきます。

こういう子は、本当に強いです。

人生は長いですからね。いろいろなことが起こります。プロローグでもお伝えしたように、今後はＡＩによる大転換期を迎えます。多くの職種がＡＩに仕事を取って代わられていくでしょう。

けれども、ＡＩと人間には大きく異なる点があります。

それは、未知の課題に対する対処力です。

ＡＩは、ビッグデータを元に答えを出すので、データがないこと、つまり初めての問題には弱いです。

それに対して**人間は、初めて見る問題に対しても、思考力を武器に、答えを導き出すことができます。**

未知の課題に対処し、新しいアイデアを生み出すことができるのは人間ならではの強みです。その力さえあれば、ＡＩ時代が訪れても仕事で困ることはありませんし、人生のあらゆるトラブルにも立ち向かっていけるでしょう。

「やっと面白くなってきやがったな」と。

エピローグ

「4つ目のりんご」になりたいという私の夢

66

難しいことを易しく、易しいことを深く、深いことを面白く

小3までの算数は、多くの人が「努力なんて関係ない。やればできるのが常識だ」と思っています。

だから、戦後、真面目に教材を作って来た人がいません。子どもに深く考えさせることをせずに、手順を記憶さえすればいい問題を羅列しています。

私は、それを変えたいと思いました。**わかりきってると大人が思っていることを、子どもにもっと深く楽しく学んでほしい**と思ったのです。

そうしてできあがったのが「天才パズル」でした。

最初に作ったのは、1～5まで数字を知っていれば、未就学児でも楽しんで解けるような問題です。数というのは、シンプルだからこそ工夫のしがいがあるし、簡単なことを真剣にやると深みが生まれます。

「深く理解する」ことに気づいた瞬間

私がそれに気づいたのは、アメリカの大学に通っていたときのことでした。

私は元々、高校生までは理数科にいたので数学が得意でした。

でも、音楽が好きだったから音大に進みました。ところが、入学して2年ぐらいで自分には音楽の才能がないことがわかりました。

結局、音大は中退し、しばらくぷらぷらした後、勉強してアメリカの大学に入り直しました。

レベルの高い大学ではなかったので、授業では、日本の中学生レベルの簡単な数学を習うこともありました。ですが当然、授業は英語で行われます。先生の言っていることを理解するために、じーっと真面目に聞かなくてはいけません。

日本の中高にいた頃は、私は数学は得意だし、先生はわかりきったことを説明していると感じていたので、実は真剣に耳を傾けたことがありませんでした。

「あー、はいはい。解けました」みたいな感じです。

ところが、アメリカの大学ではそれだとやっていけません。簡単な問題が黒板に書かれたとしても、先生の英語を聞き取るために真面目に聞くわけです。

すると、面白いことが起こりました。

数学を初めて「理解」できたのです。

それまでは、例えば「Aのパターンのときは Dの解き方をする」というように、何も考えずに反射神経で解いていました。

ところが、簡単なことをものすごく真剣に聞いていたおかげで「Aのパターンというのは、Bという状態でCになるから、Dの解き方をする」というような理屈まで深く理解することができたのです。

もし、数学を究めたいと思ってアメリカに留学したら、レベルの高い大学で、難解な数学を習うのでしょうが、私はたまたま音大をやめて大学に入り直し、非常に初歩的なことから学び直すことができたのがよかったのでしょう。

おかげで、「自分ではわかりきっていると思っている簡単なことを追求する面白さ」

がわかったのです。

帰国後、大手の特許事務所や学習塾などで勤務し、その後作家の故井上ひさしさんの名言からヒントを得て**「難しいことを易しく、易しいことを深く、深いことを面白く」をモットーに、2000年にりんご塾を始めることになりました。**

問題を作る側も試される。だからこそ面白い

塾をやっていく中で、算数に注力した理由は2つあります。

ひとつは、先ほどお伝えした通り、数というのはシンプルだからこそ工夫のしがいがあって、小学生でも深いところまでいけるから。

もうひとつは、**中学受験で出題される算数の問題が、他の教科に比べて圧倒的に面白かったから**です。すべての教科の問題集や過去問を読みあさりましたが、その中で唯一、中学受験の算数だけが、年々レベルが上昇していると感じました。だからこそ策を練る楽しさがありますし、それは中学受験だけでなく初心者向けの問題も同じです。「どんな問題なら子どもたちは目を輝かすのか」と、問題を作る私自身も試されるからです。

67

「天才パズル」は、余分なものがそぎ落とされた詩のようなもの

私はアメリカにいるとき、「詩人になりたい」と思っていたことがあります。20代の頃の恥ずかしい夢ですが、でも、結果的に、ある意味それはかなったと思います。

なぜなら**「天才パズル」は私にとって、詩のようなもの**だからです。

私はアメリカの大学時代、日本語と英語で詩をずっと書いていました。そしていつも「ニューヨーク日米新聞」という、日本人コミュニティー向けの新聞に取り上げていただいていました。そんなとき、ニュートンの『自然哲学の数学的諸原理』という本を読んで大きな衝撃を受けたのです。

「これは現代詩だ！」と。

内容というよりは形式です。無駄な言葉がすべてそぎ落とされており、ニュートン

が言いたいことを完璧に表していると感じたからです。

その体験から数学や自然科学も「詩」になりうると思いました。

その後も紆余曲折を繰り返し、私は結局、詩人にはなれませんでしたが、「パズル」という現代詩にたどりつきました。

余白があるから、思考が無限に広がる

詩のいいところは、余白がたくさんあることです。「天才パズル」も同じです。余分なものがそぎ落とされて、余白がたくさんあるからこそ、自由に思考することができます。

すぐに、何らかのスキルとして役に立つわけではないかもしれません。しかし、私は**「すぐに役立つものは、すぐに役に立たなくなる」**と感じています。

シンプルなことを突き詰めてこそ、10年後や20年後に役立つのだと。

だから私は、「天才パズル」という「詩」を通して、子どもたちがたくさんのことを考え、自由に発想し、人生を生き抜く力に昇華してくれることを信じています。

68

「4つ目のりんご」になりたい

子どもたちから、ひとつだけ怒られることがあります。それが「りんご塾」という名前。

「塾は大好きだけど、りんご塾っていう名前は恥ずかしいからイヤだ」というのです。

コンサルタントの人にも、はるか昔に言われました。

「りんご塾？　そんな名前じゃ生徒は集まらないですよ」と。

たしかに、「りんご塾」というのは、珍しい名前かもしれません。ペンシルベニアにいた頃に「メロン銀行」があり、メロンがあるならりんごがあってもいいと思い、命名したのですが、実は、由来は次の言葉にあります。

「たとえ明日、世界が滅亡しようとも、私は今日、りんごの木を植える」

ドイツの宗教改革家・ルターが言ったとされている言葉です。

明日滅びるなら、じゃあ、今日はもう何もしなくていいじゃないかとなりますが、いや、そうじゃないよと。今できることをやろう。希望を持ってやろう。そういう意味だと私は受け止めています。

今、できることを希望を持ってやる

以前、中学生相手に講師をしているときに、私はこのルターの言葉をかみしめていました。

勉強が苦手な中学生に教えていると、ある意味、砂漠に水をまくような気持ちになることがありました。教えても教えても、次の日には忘れているからです。

でも、どうせ忘れるんだから教えても仕方がないと思ったら、そこで終わりです。

今、できることをやろう。希望を持ってやろう。
そういう思いを胸に、私はずっと子どもたちと向き合ってきました。

すべての子どもたちの机に「天才パズル」を

そのルターの言葉以外にも、私は今、「りんご塾」という名前に、新たな夢をのせています。
それは、「4つ目のりんご」になりたいということです。

歴史に名を刻んでいる「りんご」と言えば、
1つ目は、アダムとイブの「りんご」。
2つ目は万有引力を発見したニュートンの「りんご」。
3つ目はスティーブ・ジョブズの「アップル」。
そして4つ目を担うのが「りんご塾」。
これが、今の私の夢です。

アップルのコンピューターが世界中のオフィスにあるのと同様、**「りんご塾」の「天才パズル」が、すべての小学校低学年の子どもたちの机に置かれていてほしい。そして、「朝読書」のように「朝パズル」が小学生たちの日課になる日が来てほしい。**

そんなムーブメントが学校で起こり、より多くの子どもたちが、楽しく算数を学び、未来を生き抜く「算数力」を育んでくれれば、私にとってこれ以上の幸せはありません。

おわりに

最後までお読みいただき、ありがとうございました。

保護者の方からよく言われます。

「先生は、深刻じゃないところがいいですよね。ゆるい感じがいいです。悪い意味じゃないですよ」と。


塾で働いているスタッフからもよく言われます。

「先生は、塾の経営者に向いてませんよね」と。

他の塾なら当たり前にやっていることを、うちではしなかったり、その逆もあったりするからでしょう。


この本を通して、**私が一番お伝えしたかったのは、「肩の力を抜いて、楽しくやりましょう」ということです。**

子どもも大人も、楽しくなければ、結局、長続きしません。

子どもたちを見ていると、本当に素直で賢く、楽しむ力を備えています。すごいなぁと思います。日本の未来は明るいと心の底から感じています。

だから、暗くなることも、心配することもありません。

早いうちに、楽しく、正しく算数力を身に付ければ、子どもは勝手に伸びていきます。

最後になりましたが、この本を出版するにあたり、たくさんの方のお世話になりました。ライターの森本裕美さん、ダイヤモンド社の井上敬子さん。

そして、私に多くの気付きを与えてくれた、数多くのりんご塾生や親御さんたち。

皆様に感謝申し上げます。

2024年4月

りんご塾代表　田邉　亨

巻末特典

まずはこれから！
「天才パズル」超・厳選版！

「天才パズル」の中から、とっておきを厳選！

りんご塾の教材でもある「天才パズル」をまずは、お子さんにご体験いただきたいと思い、巻末特典として、16種類のパズルをご紹介いたします。

これまで私は、数えきれないくらい多くの「天才パズル」を考案してきましたが、その中から2つの基準でパズルを厳選したものです。

「やみつき」と「苦手克服」の視点でパズルを厳選！

1つ目の基準は、「どの子も必ず夢中になってやりたくなるタイプ」のものです。

P218から「絶対、夢中になる！　やみつきパズル」として、8種を紹介しています。

就学前の子どもができるものもありますから、ぜひお子さんと一緒に挑戦してみてください。

自分で考えることの楽しさ、自分の頭で解いたときのワクワク感を味わっていただき、未知の問題に挑むことがやみつきになっていただけたら幸いです。

もう1つの基準が、「子どもがつまずきがちなところを楽しく克服するタイプ」のものです。

算数では子どもが共通してつまずきがちなポイントがあります。

例えば、筆算の「繰り上がり」「繰り下がり」という概念は理解しにくい子がいます。また、足し算や引き算に比べて、掛け算・割り算はイメージしにくい子は多いようです。さらに、単位の換算や、時計の計算などでつまずく子もいます。

このように、普通のテストで出てきたら子どもが「ちょっとイヤだな……」と感じるような問題を、楽しく理解して克服するためのパズルを厳選したのが８種の「みんながつまずく　苦手克服パズル」（Ｐ２３６～）です。

各パズルのポイントは、Ｐ２１４～２１７に掲載しています。

子どもが興味を持ちそうなものから

また、親が子どもに「天才パズル」をやらせるときには、左の6か条を参考にしてください。難易度的には、数字の知識がなくても解けるものから、素因数分解の概念を学べるものまで様々です。

P214〜217のポイントを参考に、お子さんが興味を持ちそうなものを最初に1問だけ一緒にやってみましょう。その後は、お子さんに手渡して自由にやらせてください。漢字＋読み仮名で書かれているので、漢字を読む練習にもなります。

本書を渡して書き込ませてもいいですし、本書と同じ問題をダウンロードもできます（P254のQRコード）ので、それをプリントアウトして与えてもよいでしょう。

また、もしお子さんが「天才パズル」を気に入って、もっとやりたいと言ってくれたら、『天才!! ヒマつぶしドリル』（Gakken刊）や、『やみつき算数ドリル』（実務教育出版刊）、『最強　思考力パズル』（幻冬舎刊）などのシリーズをご覧ください。難易度に応じていくつかありますので、お子さんのレベルに応じたものを選んであげるとよいと思います。

「天才パズル」を子どもに解かせるときの6か条

1 無理のない量をやらせる（20〜30分が目安）

2 宿題の前にアイドリングとして取り組むと効果的（「できた！」という高揚感があるから、勉強に前向きに取り組める）

3 解けるまで答えを教えず放っておく（頭をひねって、うんうん考えさせる時間にこそ意味がある。よく考えた結果、どうしてもわからなければ教えてOK）

4 時間を計る（速く解けるようになる＝思考力や情報処理能力が上がっているということ。1問解くのにかかる時間を計っておくと、能力の推移を把握しやすい）

5 解けたら褒める（頑張りを認めてあげて）

6 体勢は自由（「THE勉強」として身構えなくてよい）

子どもは迷路やパズルが本能的に好きだから、楽しんで取り組んでくれるはず。

絶対、無中になる！ やみつきパズル8選　解説

電車パズル

P221

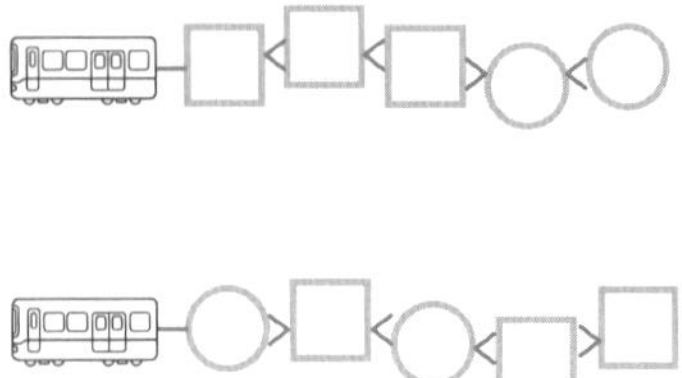

- 数の大小を考えて数字を空欄に入れるパズル
- 1〜5まで知っていれば解ける
- 奇数と偶数がわかるようになる

3D白黒めいろ

P219

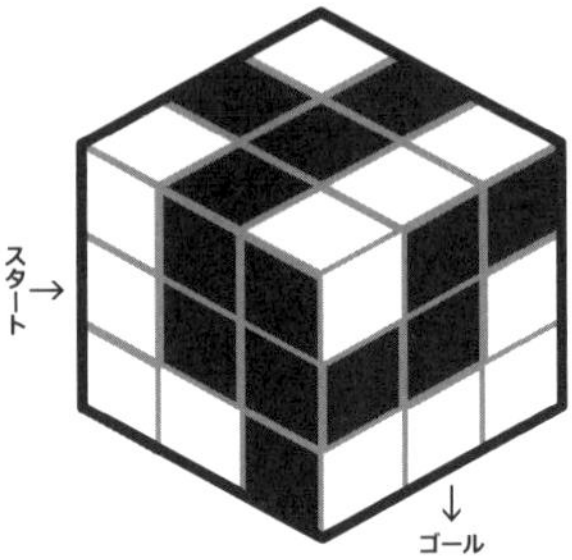

- 白→黒→白…と進む迷路
- 知識不要だから年長さんでも取り組める
- 進み方が立体的だから楽しい

四字熟語探し

P225

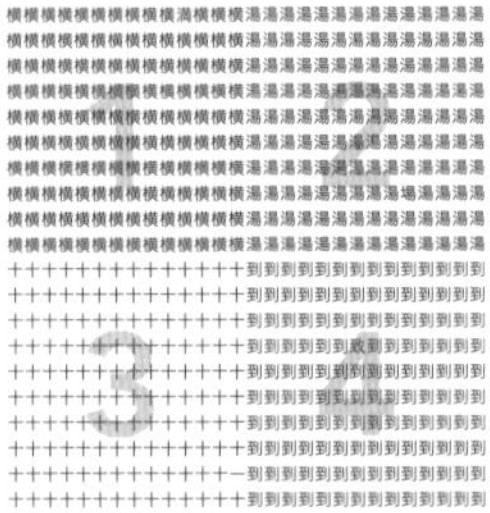

- 群の中にある異なる漢字を見つけて四字熟語を作るパズル
- 情報処理能力が高まる
- 解けたときに四字熟語の意味も教えてあげると記憶が定着。もうそれは忘れない！

数字の通り道

P223

		7		
		1		25
14				
		19		

- 1〜25までの数字を書いていく迷路
- 消しゴムのカスがたくさん出るので頑張った感が出る
- 頭の中でできたらスゴイ！（先を見通す力がある）

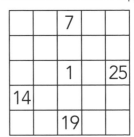

P218から「絶対、無中になる！　やみつきパズル」を8つ、P236から「みんながつまずく　苦手克服パズル」を8つ掲載しています。P214～217はその一覧と各問題のポイントです。お子さんに解かせるときの参考にしてください。

三角四角めいろ

P229

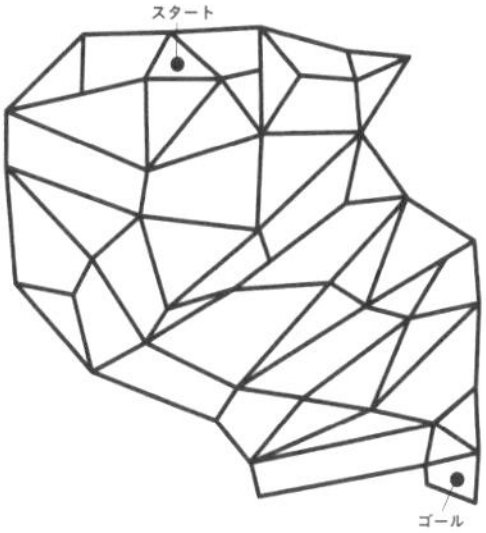

- 三角形と四角形を順にたどっていく迷路
- 三角形＝正三角形、四角形＝正四角形とは限らないことを学べる
- 始まりと終わりがある迷路は子どもの心を落ち着かせる

立体ナンプレ

P227

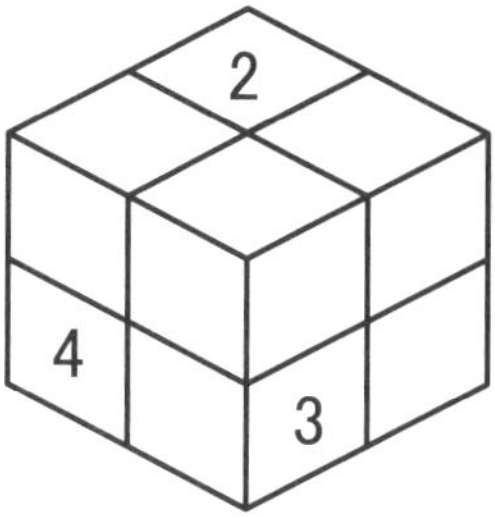

- 立体的なナンプレ
- 1～4までの数字を知っていれば解ける
- 年長さんなど小さい子の思考力を鍛えるのに最適

公倍数クロス

P233

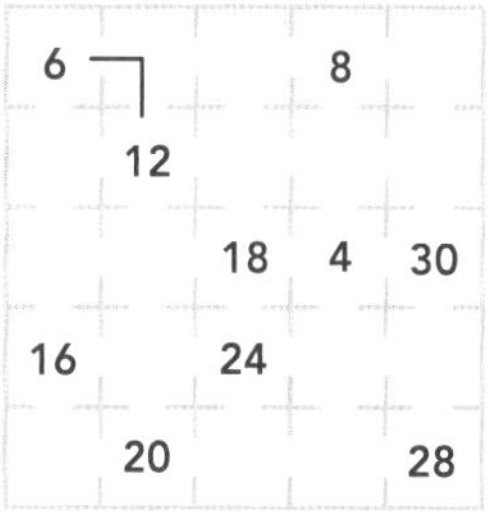

- 2つの数で倍数つなぎをやって公倍数の概念がわかる迷路
- 九九を習っていれば簡単
- 九九を習っていなくても、足し算だけでもできる

倍数つなぎ

P231

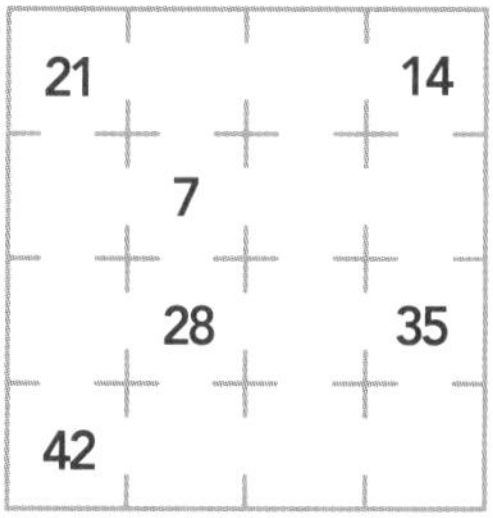

- 倍数を順につないでいく迷路
- 九九を習っていれば簡単
- 九九を習っていなくても、足し算だけでもできる

みんながつまずく　苦手克服パズル8選　解説

ドミノ筆算

P239

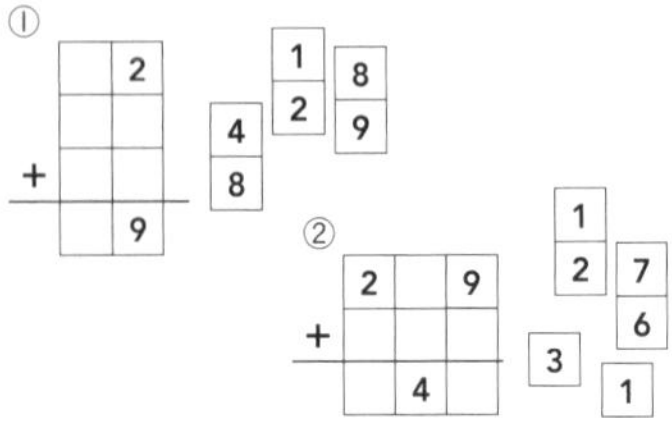

- 空欄に数字を入れて正しい式を作るパズル
- 筆算を作業にせず、試行錯誤させることができる
- 裏付けがないと解けないので論理的思考力が鍛えられる

奇数偶数てんびん

P237

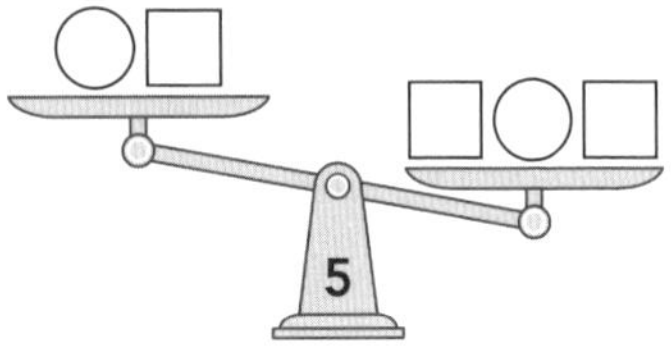

- 空欄に正しい数字を入れる問題
- 1～5までの数しか使わない
- 奇数、偶数を理解できるようになる

レクタングル

P243

		6			
	9			6	3

		4			6
	8				
			2		
			4		

- 掛け算を具体的に理解するパズル
- 面積＝タテ×ヨコという字面で覚えている子や、掛け算を数字だけで覚えている子の理解が深まる

ブロック分割

P241

1

3	2	5
(6)	7	(35)
2	5	(10)

- 掛け算の答えになる「式」を考える問題
- 答えを出すのではなく、式を考えるので頭を使う
- 素因数分解の概念を学べる

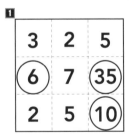

九九めいろ

P247

	5	40	35	5	5	20	4
	9	8	5	25	5	5	5
	8	5	6	30	25	3	15
	40	35	7	6	5	5	10
	5	9	5	30	35	5	2
	9	5	5	25	5	45	9
ゴール←	45	20	15	45	6	35	5
	20	4	5	15	30	5	40
	2	10	4	3	15	7	8
スタート→	5	2	10	5	3	35	5

- 九九を言いながらゴールをめざす迷路
- 九九の答えだけでなく、九九の途中もたどる必要があるから、頭を非常に使う
- 5の段で苦戦している子に◎

慣用句めいろ

P245

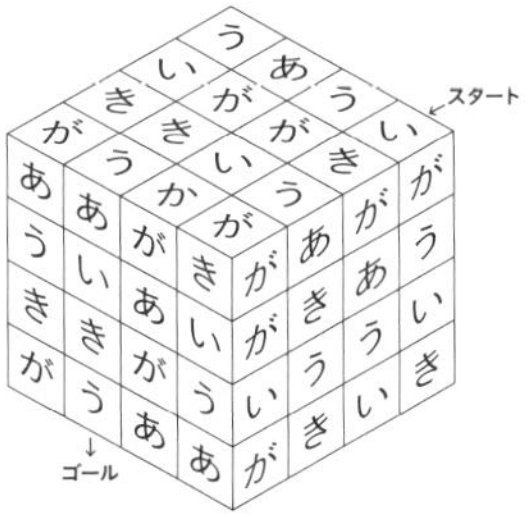

- 慣用句の文字をくりかえしながらゴールに向かう迷路
- 試行錯誤するうちに自然と慣用句が覚えられる
- 解き終わって慣用句の意味を教えてあげると、記憶が定着する

お月見とけい

P251

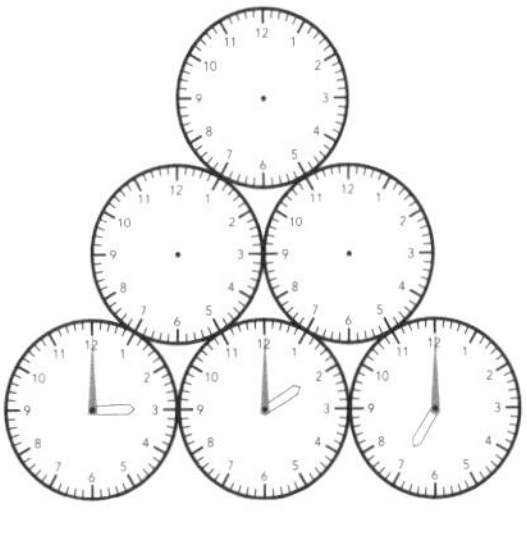

- 時計の針を読んで足し算をする問題
- アナログ時計を読めるようになる
- 20時＝午後8時など、24時間と12時間表記がわかるようになる

長さつなぎ

P249

			1 km	
			10 cm	
10 km	1 m	1 cm		
			1 mm	100 m
10 m				

- 短いものから順に進んでいく迷路
- 長さの単位を覚えられる
- 数字が小さければ長さが短いわけではないことがわかる

＼りんごちゃんからの挑戦状《ちょうせんじょう》！／

天《てん》才《さい》パズル

天使《てんし》と悪魔《あくま》の
りんごちゃんが、
キミのために
面白《おもしろ》いパズルを
作《つく》ったよ。

キミは全部《ぜんぶ》解《と》けるかな？

PART《パート》 1

絶対《ぜったい》、夢中《むちゅう》になる！ やみつきパズル

問題《もんだい》 1

3D《スリーディー》白《しろ》黒《くろ》めいろ

例《れい》のように、白黒交互《しろくろこうご》に進《すす》み、スタートからゴールまでたどり着《つ》きましょう。ななめには進《すす》めません。

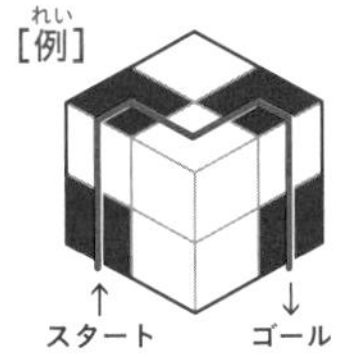

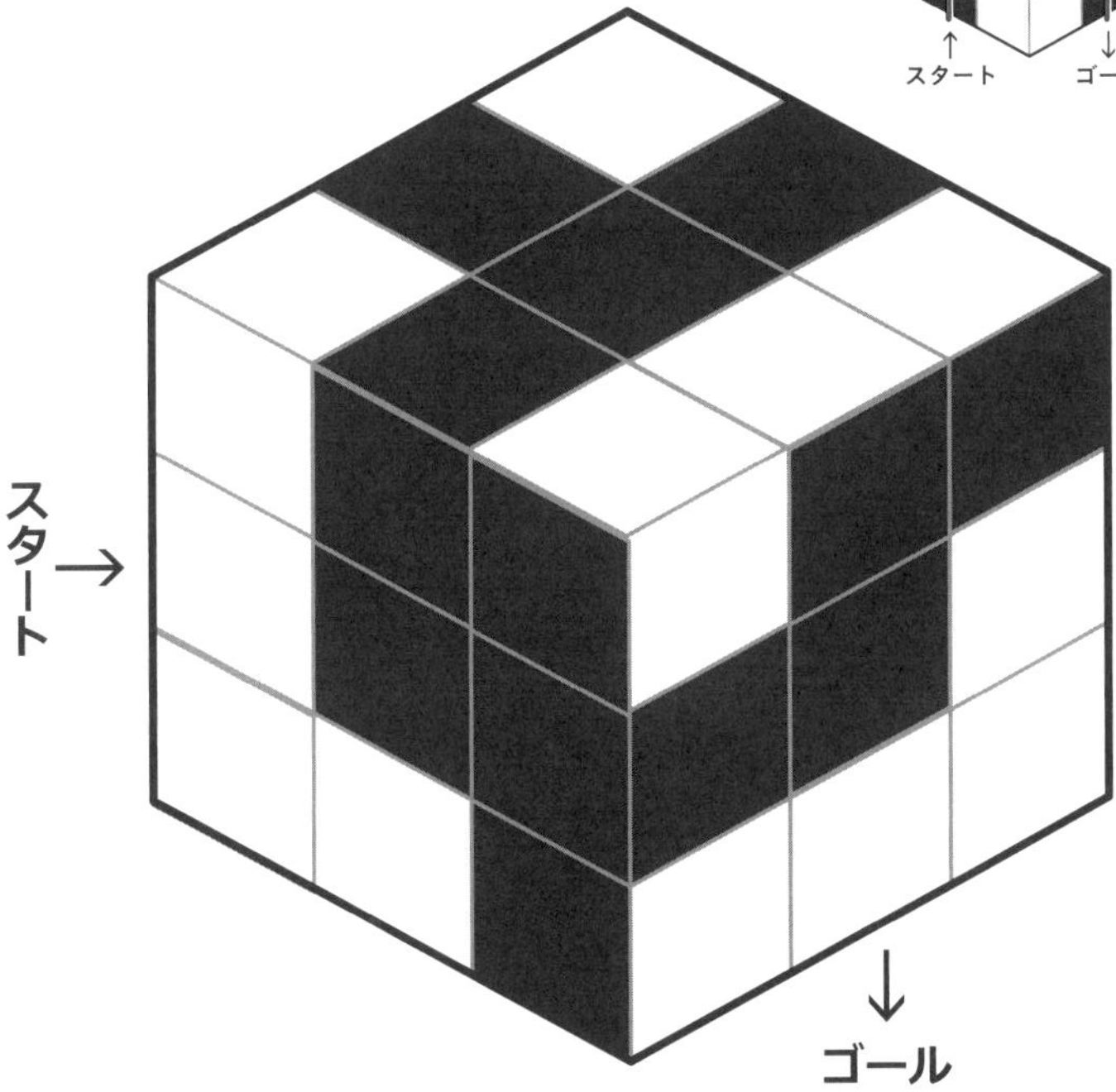

答《こた》えは次《つぎ》のページ

問題《もんだい》1の答《こた》え

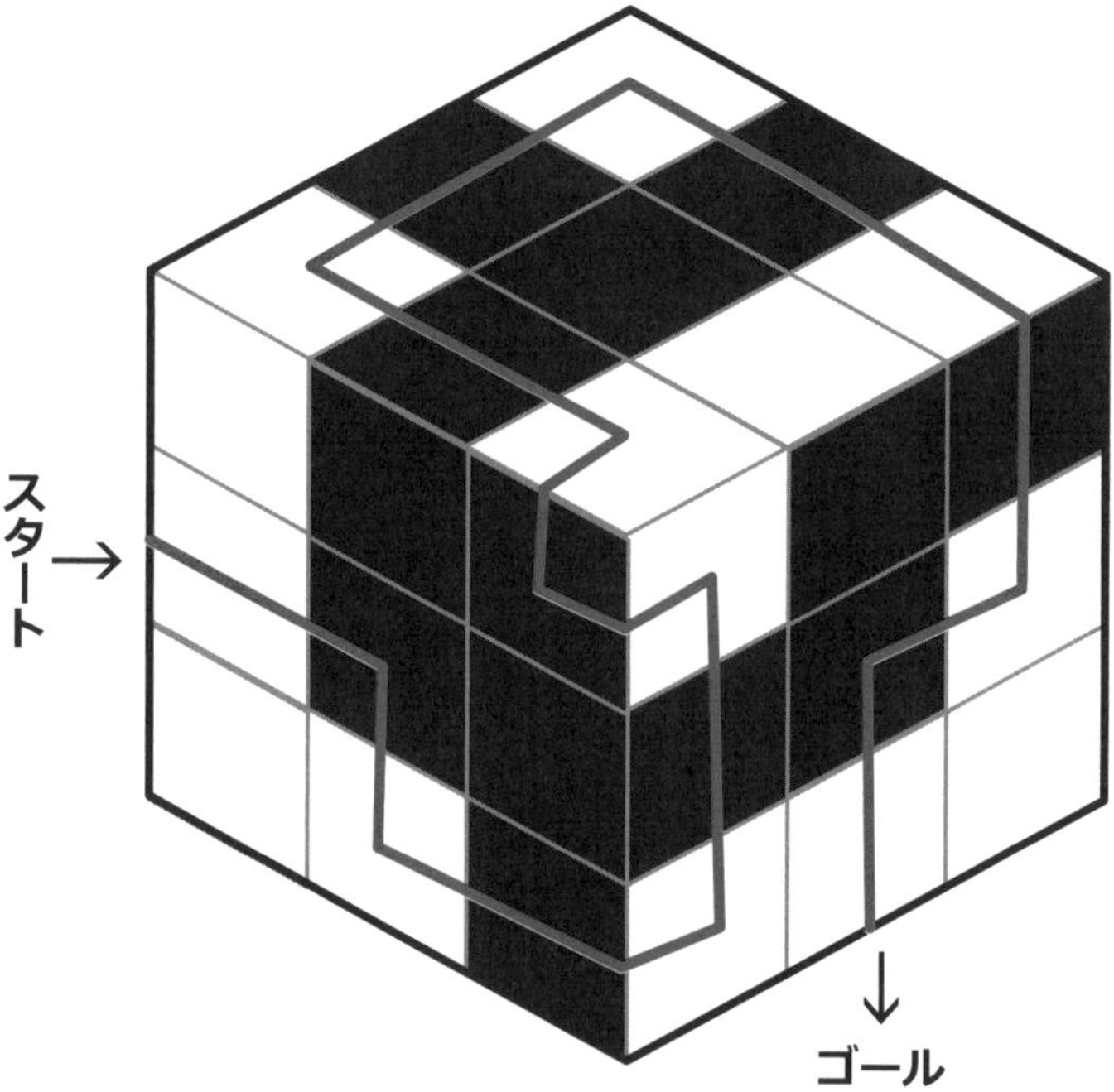

面《めん》を上《のぼ》ったり下《お》りたり、できたかしら？

問題《もんだい》 2

電車《でんしゃ》パズル

1～5の数字《すうじ》を空欄《くうらん》に入《い》れましょう。○には偶数《ぐうすう》（2か4）、□には奇数《きすう》（1か3か5）が入《はい》ります。ただし、同《おな》じ数字《すうじ》は1度《ど》しか使《つか》えません。くの記号《きごう》の開《ひら》いている方《ほう》に大《おお》きな数字《すうじ》、閉《と》じている方《ほう》に小《ちい》さな数字《すうじ》が入《はい》ります。

①

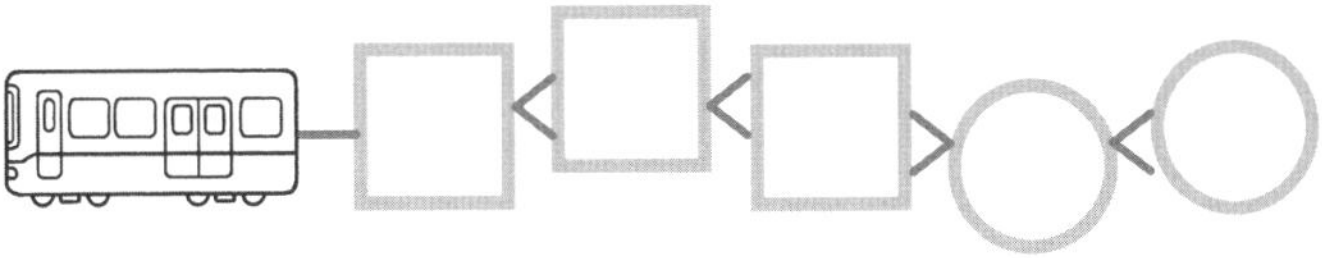

②

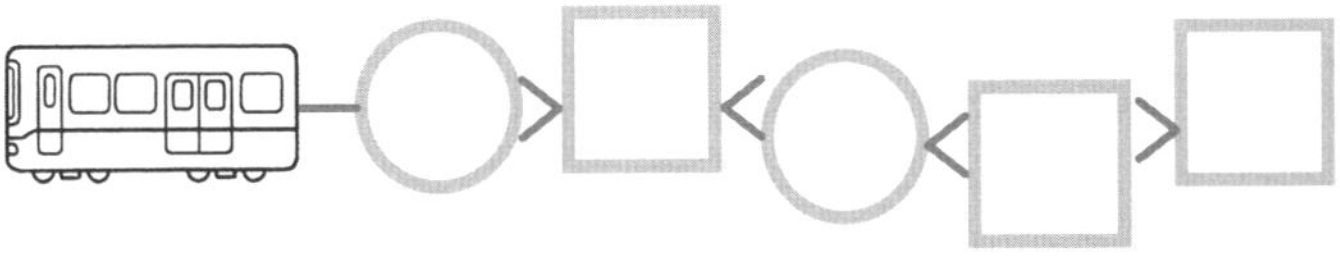

答《こた》えは次《つぎ》のページ

問題《もんだい》2の答《こた》え

①

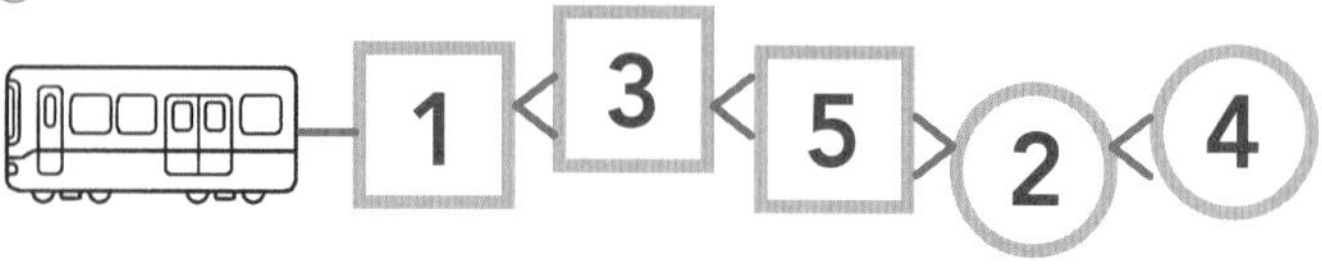

□は1、3、5なので左《ひだり》から1、3、5だとわかります。○は2、4なので左《ひだり》から2、4です。

②

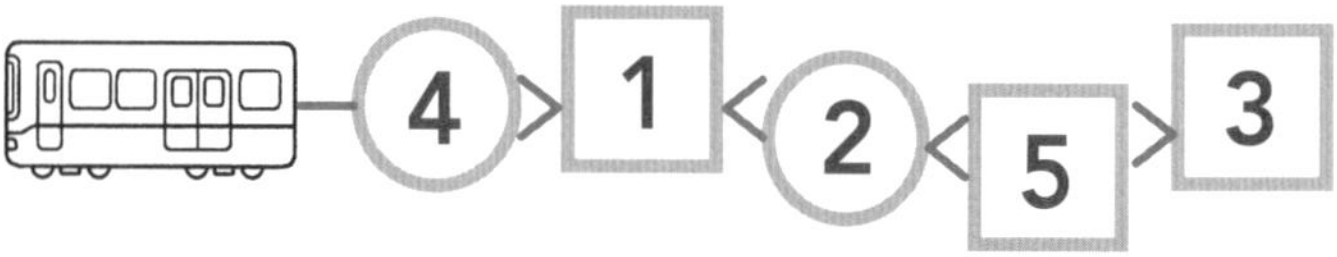

○はどちらに2か4が入《はい》っても、□は左《ひだり》から1、5、3ですね。

いろいろなパターンがあるね

問題《もんだい》 3

数字《すうじ》の通《とお》り道《みち》

例《れい》のように、すでに入《はい》っている数字《すうじ》をヒントに、マスの中《なか》を１～２５の数字《すうじ》でうめてください。１～２５の数字《すうじ》は、タテ・ヨコにつながる１本《ぽん》の線《せん》になります。

［例《れい》］

1	14	15	16
2	13	12	11
3	6	7	10
4	5	8	9

		7		
		1		25
14				
		19		

← 答《こた》えは次《つぎ》のページ

問題《もんだい》3の答《こた》え

9	8	7	6	5
10	11	2	3	4
13	12	1	24	25
14	17	18	23	22
15	16	19	20	21

え？　消《け》しゴムのカスがいっぱい出《で》た？
すごい！　頑張《がんば》ったね！

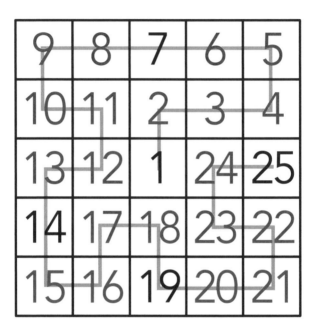

問題《もんだい》 4

四《よ》字《じ》熟《じゅく》語《ご》探《さが》し

ひとつだけちがう漢字《かんじ》を抜《ぬ》き出《だ》して書《か》き、四字熟語《よじじゅくご》を作《つく》ってください。

横横横横横横横横横横満横横横湯湯湯湯湯湯湯湯湯湯湯湯湯湯
横横横横横横横横横横横横横横湯湯湯湯湯湯湯湯湯湯湯湯湯湯
横横横横横横横横横横横横横横湯湯湯湯湯湯湯湯湯湯湯湯湯湯
横横横横横横横横横横横横横横湯湯湯湯湯湯湯湯湯湯湯湯湯湯
横横横横横横横横横横横横横横湯湯湯湯湯湯湯湯湯湯湯湯湯湯
横横横横横横横横横横横横横横湯湯湯湯湯湯湯湯湯湯湯湯湯湯
横横横横横横横横横横横横横横湯湯湯湯湯湯湯湯湯湯湯湯湯湯
横横横横横横横横横横横横横横湯湯湯湯湯湯湯湯湯場湯湯湯湯
横横横横横横横横横横横横横横湯湯湯湯湯湯湯湯湯湯湯湯湯湯
横横横横横横横横横横横横横横湯湯湯湯湯湯湯湯湯湯湯湯湯湯
十十十十十十十十十十十十十十到到到到到到到到到到到到到到
十十十十十十十十十十十十十十到到到到到到到到到到到到到到
十十十十十十十十十十十十十十到到到到到到到到到到到到到到
十十十十十十十十十十十十十十到到到到到到致到到到到到到到
十十十十十十十十十十十十十十到到到到到到到到到到到到到到
十十十十十十十十十十十十十十到到到到到到到到到到到到到到
十十十十十十十十十十十十十十到到到到到到到到到到到到到到
十十十十十十十十十十十十十十到到到到到到到到到到到到到到
十十十十十十十十十十十十十一到到到到到到到到到到到到到到
十十十十十十十十十十十十十十到到到到到到到到到到到到到到

よみかた[　　　　　　　　　　　　　　　　　]

□□□□

意味《いみ》：その場《ば》にいる全員《ぜんいん》の意見《いけん》がひとつにまとまること

答《こた》えは次《つぎ》のページ

問題《もんだい》4の答《こた》え

横横横横横横横横横横満横横横湯湯湯湯湯湯湯湯湯湯湯湯湯湯
横横横横横横横横横横横横横横湯湯湯湯湯湯湯湯湯湯湯湯湯湯
横横横横横横横横横横横横横横湯湯湯湯湯湯湯湯湯湯湯湯湯湯
横横横横横横横横横横横横横横湯湯湯湯湯湯湯湯湯湯湯湯湯湯
横横横横横横横横横横横横横横湯湯湯湯湯湯湯湯湯湯湯湯湯湯
横横横横横横横横横横横横横横湯湯湯湯湯湯湯湯湯湯湯湯湯湯
横横横横横横横横横横横横横横湯湯湯湯湯湯湯湯湯湯湯湯湯湯
横横横横横横横横横横横横横横湯湯湯湯湯湯湯湯湯場湯湯湯湯
横横横横横横横横横横横横横横湯湯湯湯湯湯湯湯湯湯湯湯湯湯
横横横横横横横横横横横横横横湯湯湯湯湯湯湯湯湯湯湯湯湯湯
十十十十十十十十十十十十十十到到到到到到到到到到到到到到
十十十十十十十十十十十十十十到到到到到到到到到到到到到到
十十十十十十十十十十十十十十到到到到到到到到到到到到到到
十十十十十十十十十十十十十十到到到到到到致到到到到到到到
十十十十十十十十十十十十十十到到到到到到到到到到到到到到
十十十十十十十十十十十十十十到到到到到到到到到到到到到到
十十十十十十十十十十十十十十到到到到到到到到到到到到到到
十十十十十十十十十十十十十十到到到到到到到到到到到到到到
十十十十十十十十十十十十十一到到到到到到到到到到到到到到
十十十十十十十十十十十十十十到到到到到到到到到到到到到到

よみかた[まん じょう いっ ち]

満 場 一 致

何秒《なんびょう》で探《さが》せたかな？
お母《かあ》さんと勝負《しょうぶ》してみて

問題《もんだい》 5

立体《りったい》ナンプレ

すでに入《はい》っている数字《すうじ》をヒントに、マスの中《なか》を1～4の数字《すうじ》でうめてください。ただし次《つぎ》のルールがあります。

・タテ列《れつ》、ヨコ列《れつ》、面《めん》にそれぞれ1～4が1個《こ》ずつ入《はい》ります。

・立体《りったい》なので、列《れつ》や面《めん》は右上《みぎうえ》の図《ず》のように考《かんが》えます。

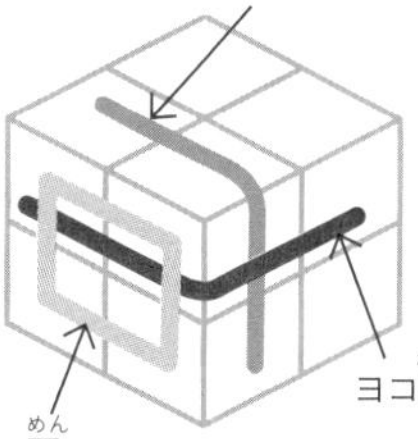

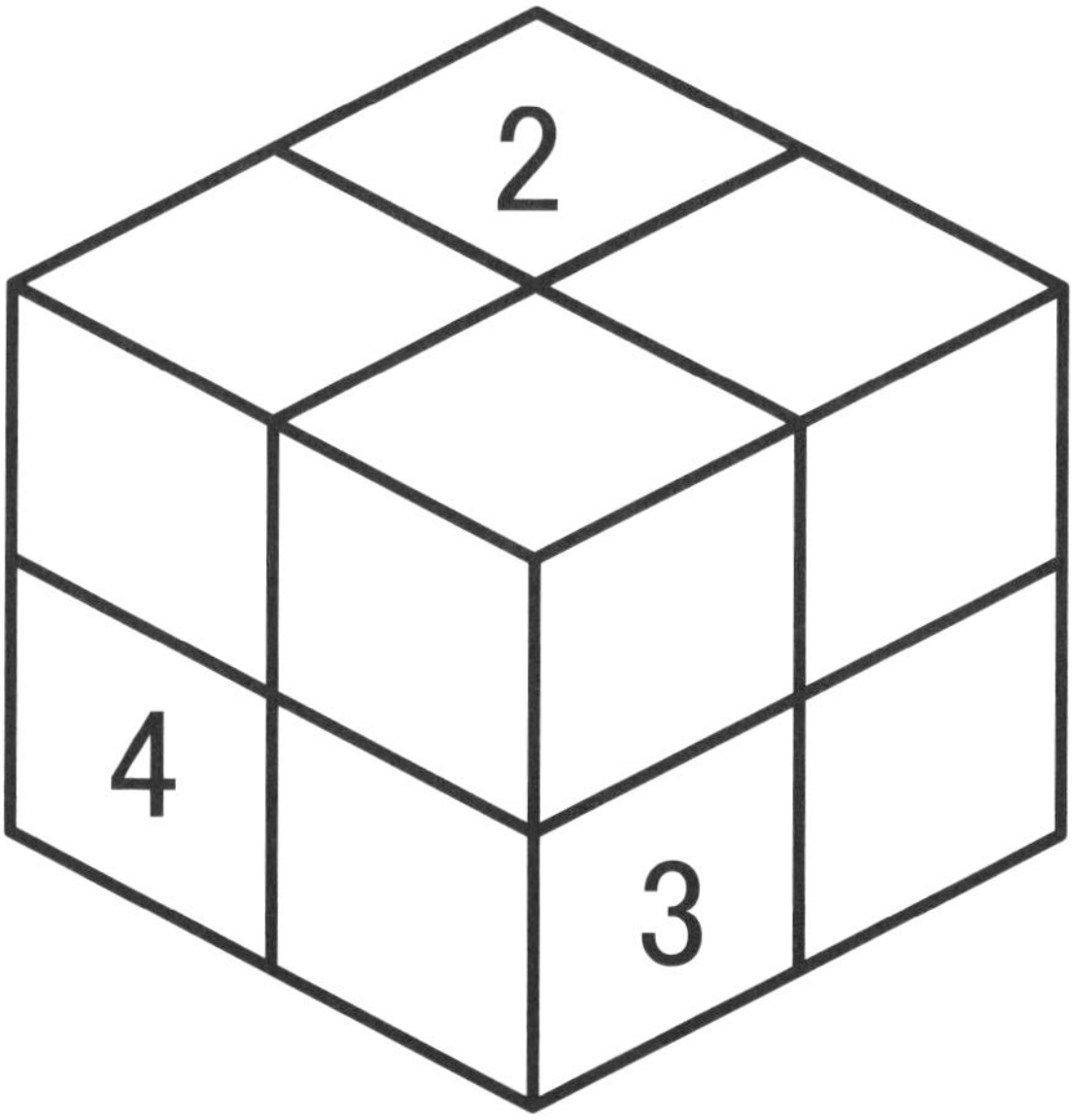

答《こた》えは次《つぎ》のページ

問題《もんだい》5の答《こた》え

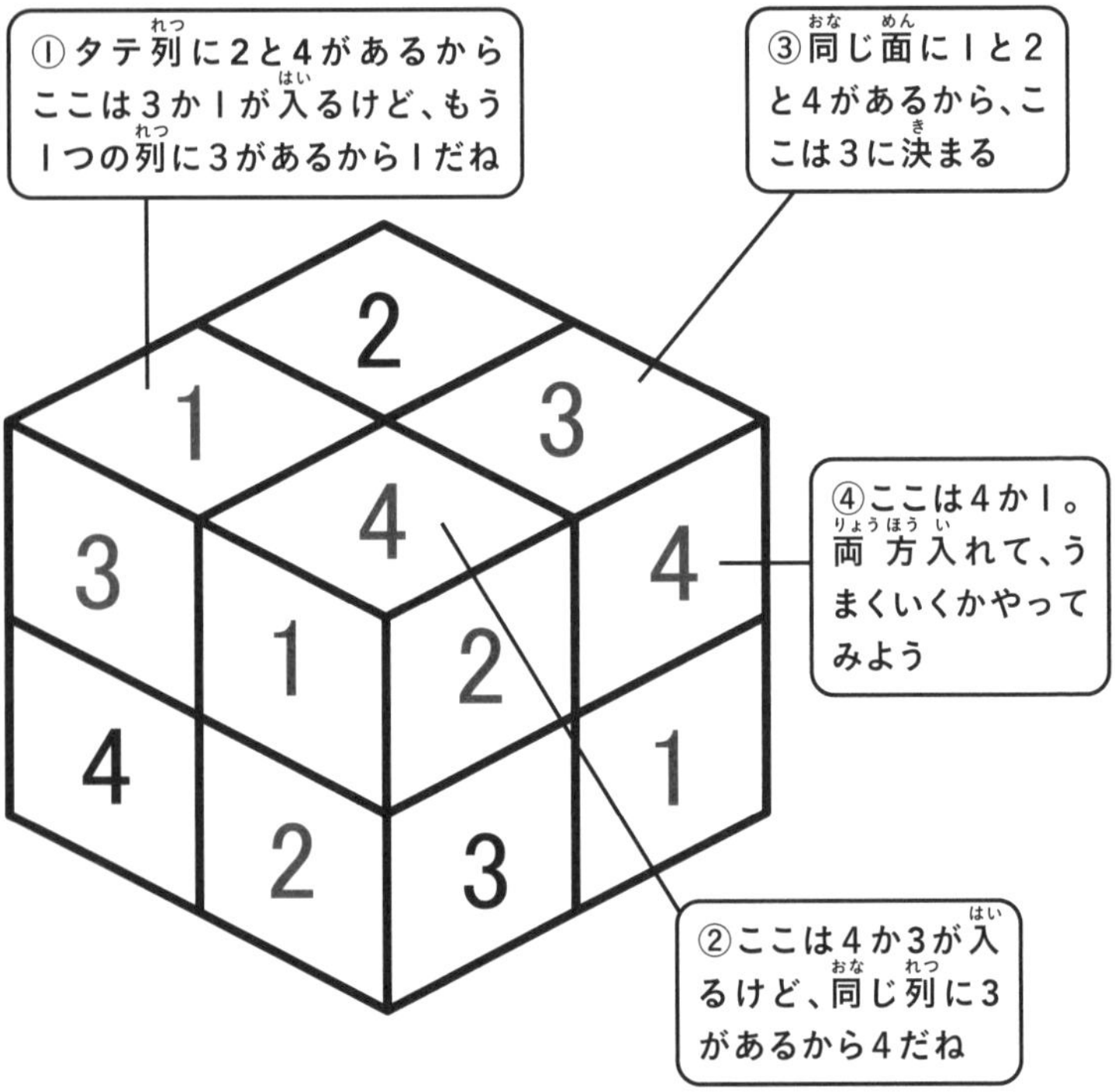

わかるところから順番《じゅんばん》に
数字《すうじ》を決《き》めていけば、必《かなら》ずできるよ

問題《もんだい》 6

三角《さんかく》四角《しかく》めいろ

三角《さんかく》と四角《しかく》を交互《こうご》に通《とお》って、スタートからゴールまでたどり着《つ》きましょう。

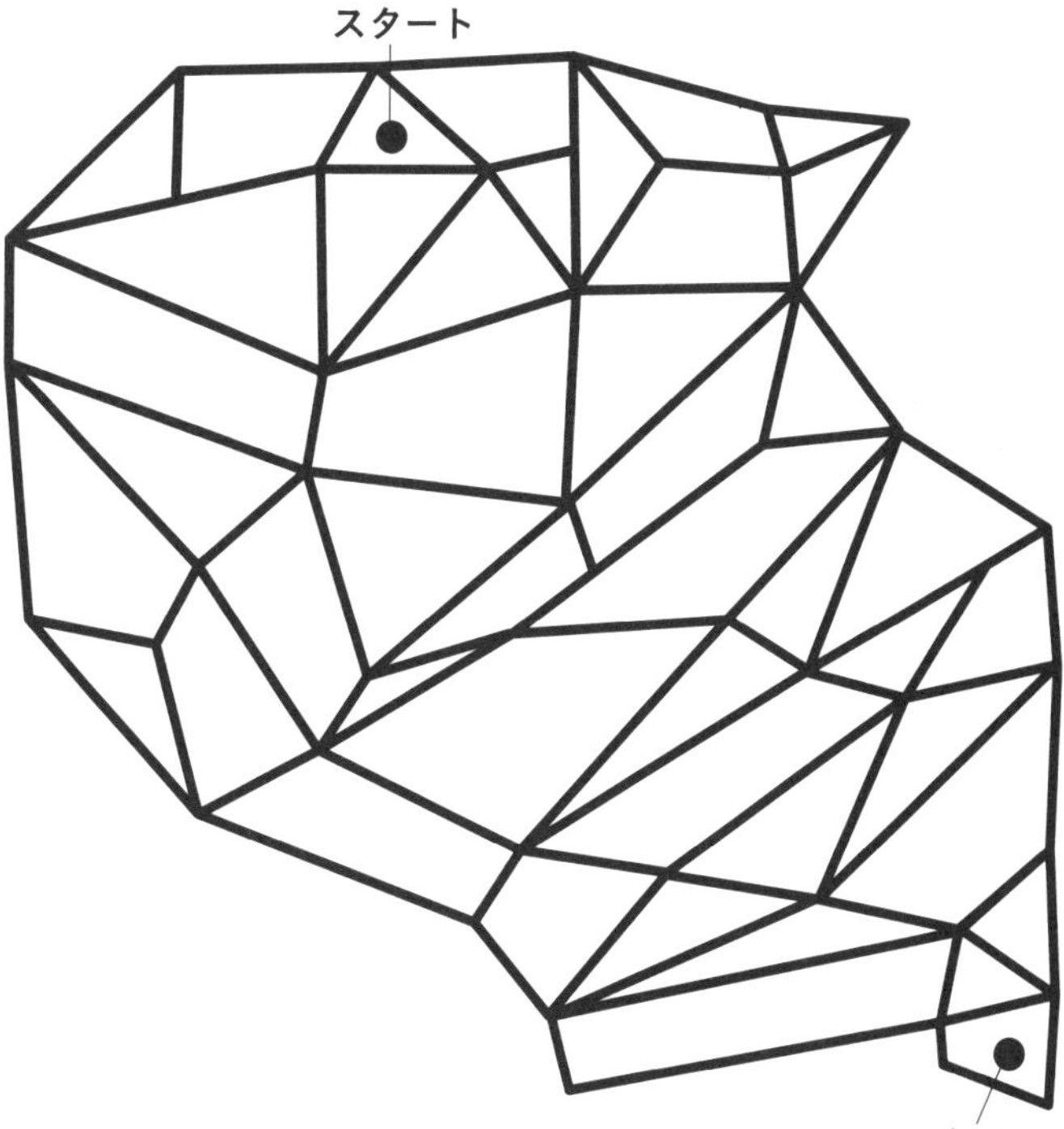

答《こた》えは次《つぎ》のページ

問題《もんだい》6の答《こた》え

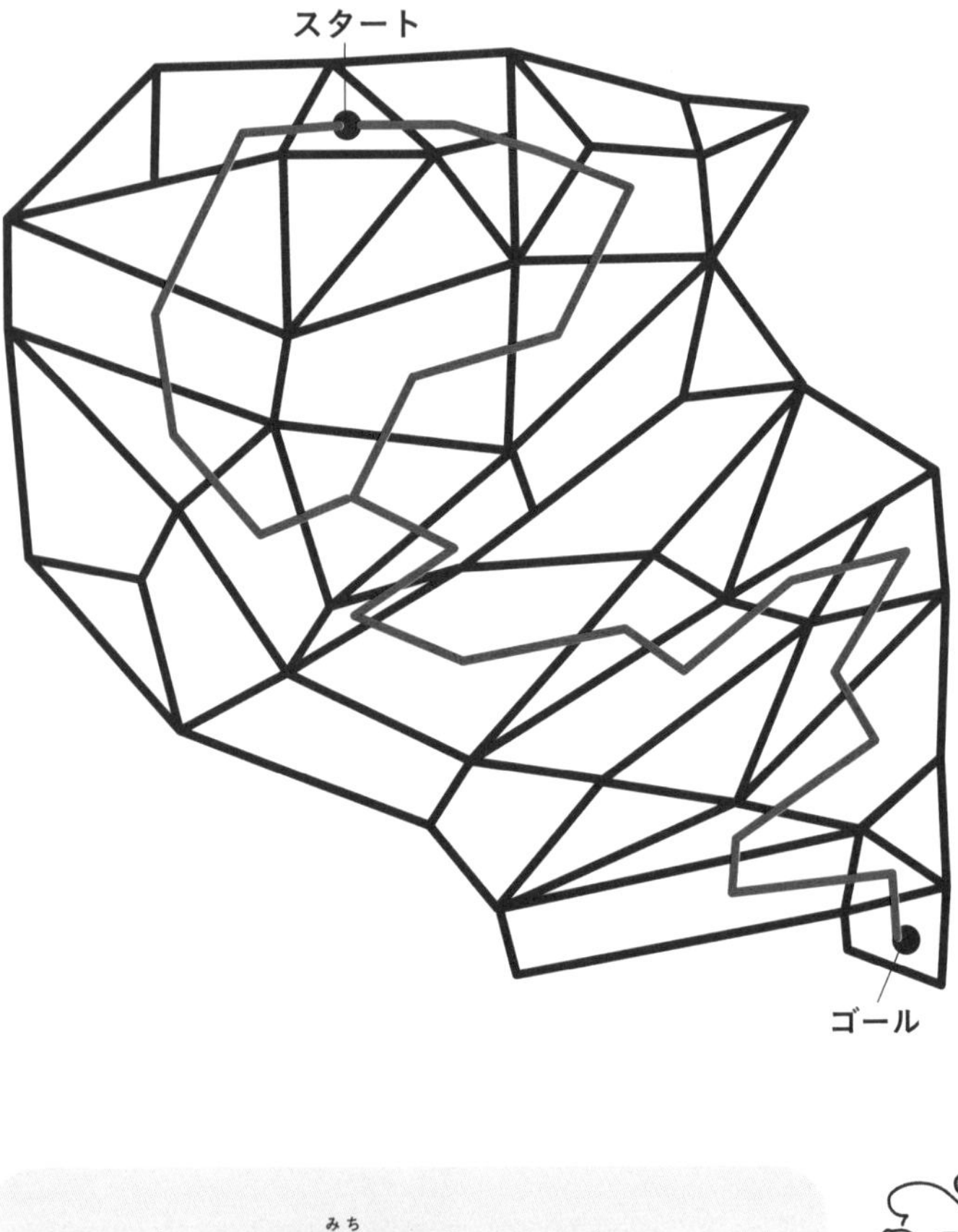

ゴールへの道《みち》はひとつじゃない。
色々《いろいろ》な三角《さんかく》と四角《しかく》があったわね

問題《もんだい》 7

倍数《ばいすう》つなぎ

例《れい》のように、7の倍数《ばいすう》を順《じゅん》に線《せん》でつなぎましょう。すべてのマスを通《とお》ります。ななめには進《すす》めません。

[例《れい》] 2の倍数《ばいすう》

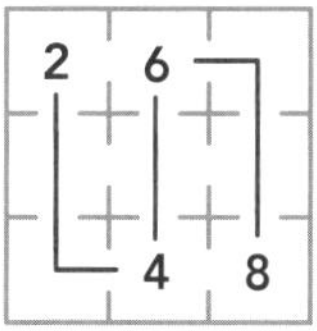

7の倍数《ばいすう》

21			14
	7		
	28		35
42			

答《こた》えは次《つぎ》のページ

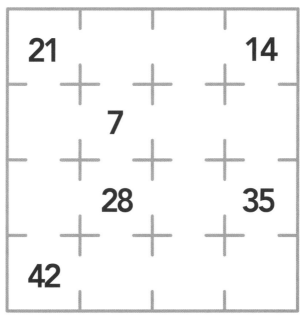

問題《もんだい》7の答《こた》え

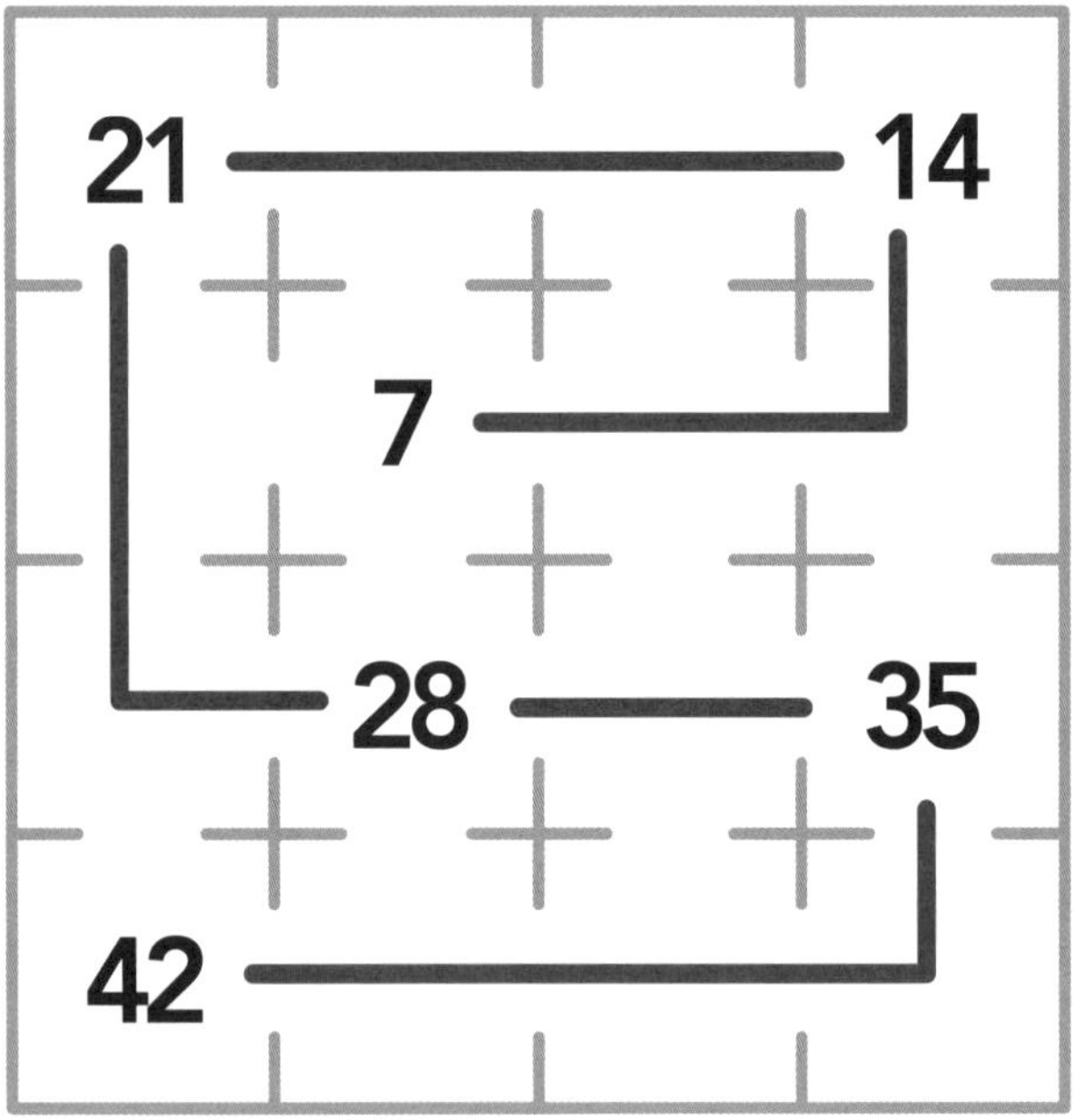

ちゃんとつなげたかな？

問題《もんだい》 8

公倍数《こうばいすう》クロス

例《れい》のように、4の倍数《ばいすう》と6の倍数《ばいすう》をそれぞれ、順《じゅん》に線《せん》でつなぎましょう。すべてのマスを通《とお》り、ななめには進《すす》めません。同《おな》じ数《すう》字《じ》を通《とお》るときは交差《こうさ》します。

[例《れい》] 2、5の倍数《ばいすう》

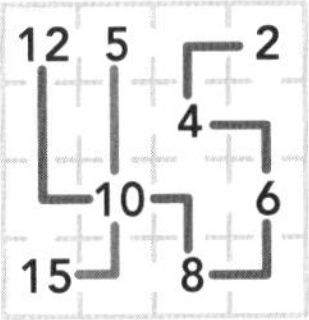

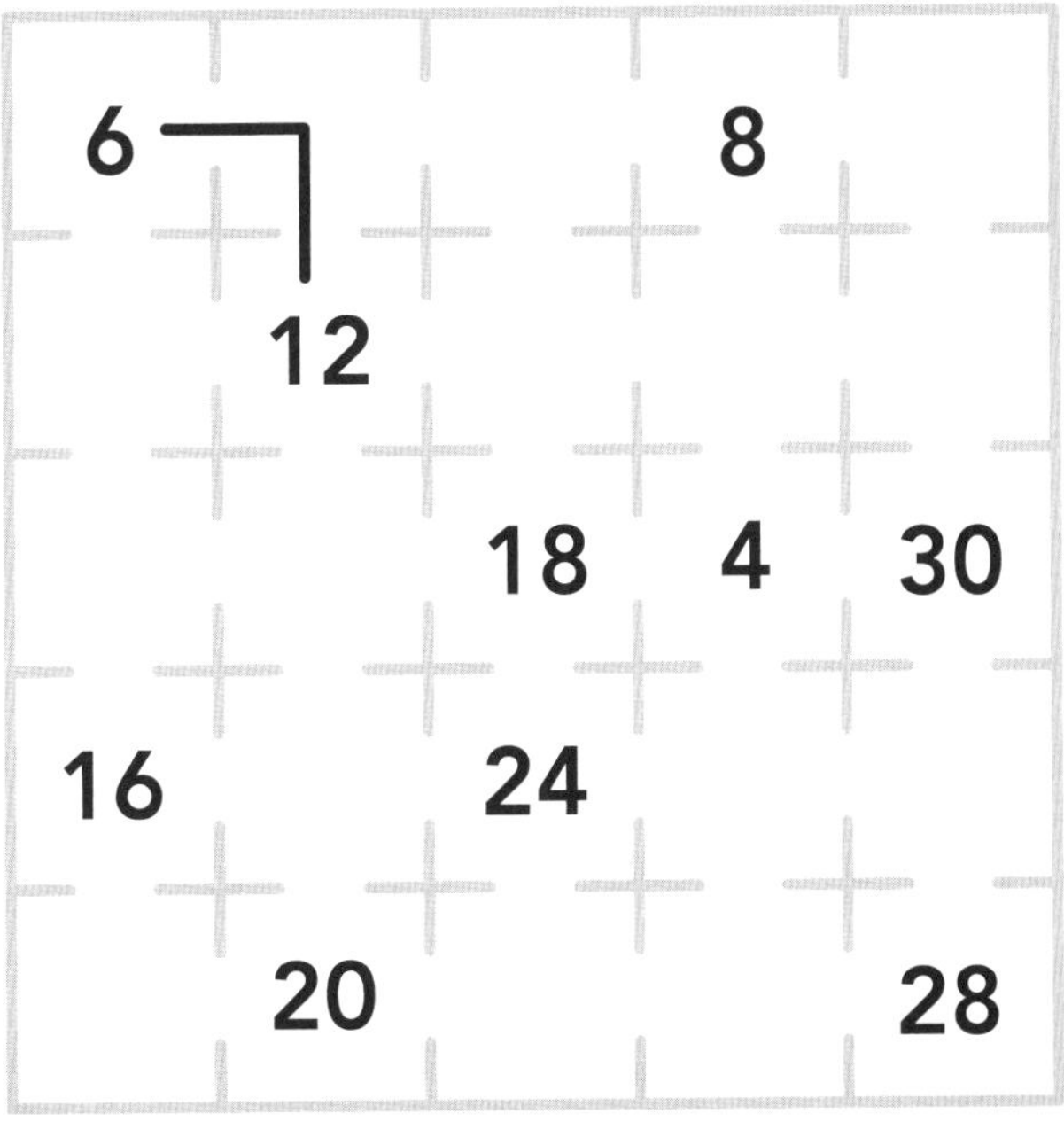

答《こた》えは次《つぎ》のページ

問題《もんだい》8の答《こた》え

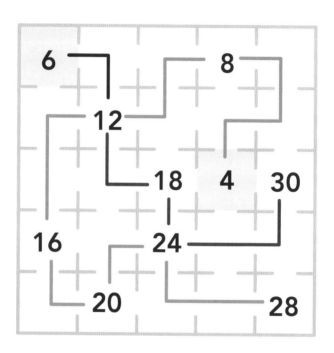

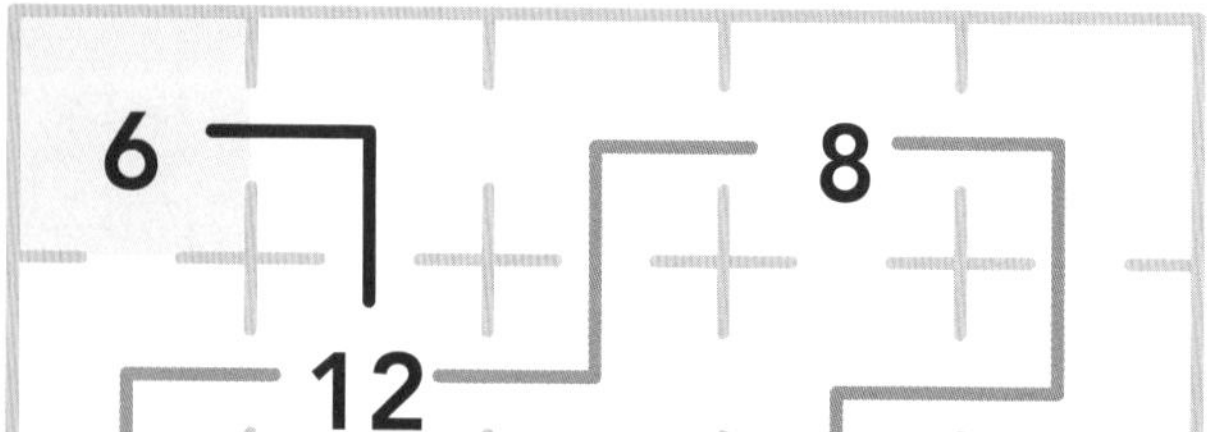

2つの線《せん》が重《かさ》なるところを
「公倍数《こうばいすう》」というよ

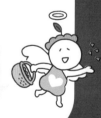

どうだったかな?
私《わたし》たち、天使《てんし》チームの
出《だ》す問題《もんだい》はこれで終《お》わりよ。
次《つぎ》からの問題《もんだい》も
できるかな?

ここからは、
みんなが苦手《にがて》としている
問題《もんだい》だ!
悪魔《あくま》チームが出《だ》すぞ。
ヒッヒッヒ!
解《と》けたら本物《ほんもの》の天才《てんさい》だ!

PART《パート》 2

みんながつまずく 苦手克服《にがてこくふく》パズル

8問出《もんだ》すぞ

問題《もんだい》 1

奇数偶数《きすうぐうすう》てんびん

1～5の数字《すうじ》を空欄《くうらん》に入《い》れましょう。○には偶数《ぐうすう》（2か4）、□には奇数《きすう》（1か3か5）が入《はい》ります。ただし、同《おな》じ数字《すうじ》は1度《ど》しか使《つか》えません。てんびんのまん中《なか》に書《か》かれた数字《すうじ》は、右《みぎ》の数字《すうじ》の和《わ》（足《た》し算《ざん》の結果《けっか》）と左《ひだり》の数字《すうじ》の和《わ》の、差《さ》（引《ひ》き算《ざん》の結果《けっか》）を表《あらわ》します。

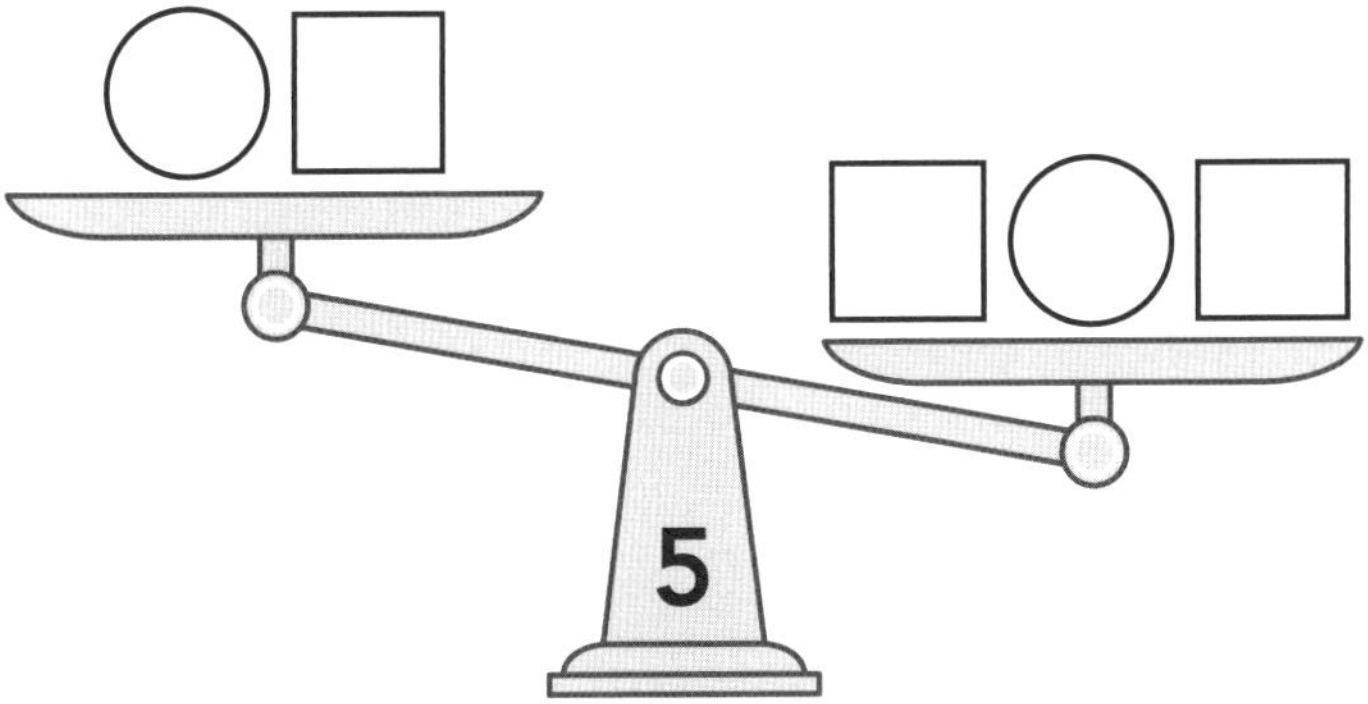

答《こた》えは次《つぎ》のページ

問題《もんだい》1の答《こた》え

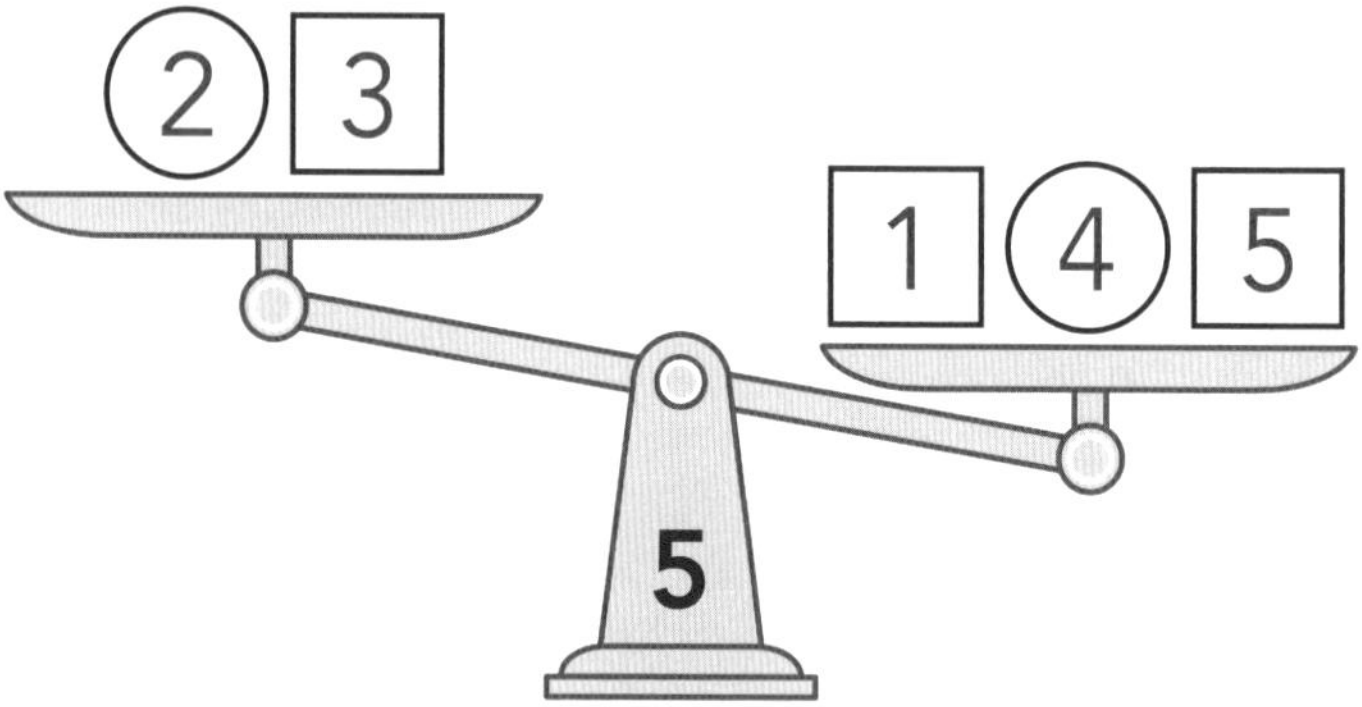

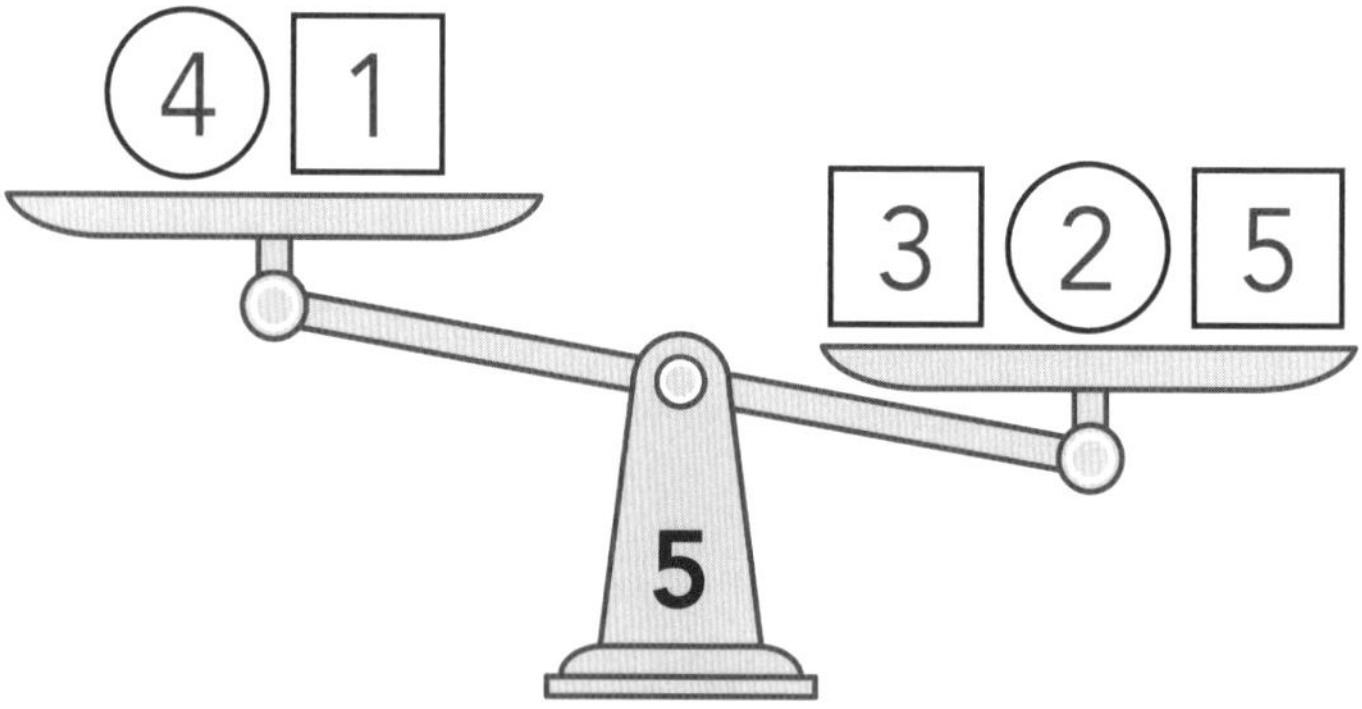

両方《りょうほう》とも正解《せいかい》！
④と②が左右《さゆう》どちらに入《はい》るかで
奇数《きすう》が変《か》わってくるね

問題《もんだい》 2

ドミノ筆算《ひっさん》

筆算《ひっさん》の計算式《けいさんしき》をバラバラにしたドミノがあります。例《れい》のように、ドミノの向《む》きはそのまま使《つか》い、空《あ》いているマスに当《あ》てはめて、正《ただ》しい計算式《けいさんしき》に戻《もど》しましょう。

[例《れい》]

	1	5
+	3	6
	5	1

ドミノ：［5｜1］（横）、［1／3］（縦）、［5／6］（縦）

①

		2
+		
		9

ドミノ：［4／8］（縦）、［1／2］（縦）、［8／9］（縦）

②

	2		9
+			
		4	

ドミノ：［1／2］（縦）、［7／6］（縦）、［3］、［1］

答《こた》えは次《つぎ》のページ

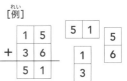

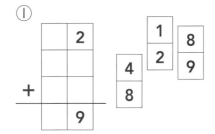

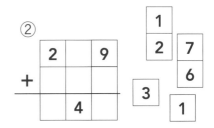

問題《もんだい》2の答《こた》え

①

$$
\begin{array}{rcc}
 & 1 & 2 \\
 & 2 & 8 \\
+ & 4 & 9 \\
\hline
 & 8 & 9
\end{array}
$$

1 2

8 9

4 8

②

$$
\begin{array}{rccc}
 & 2 & 1 & 9 \\
+ & 1 & 2 & 7 \\
\hline
 & 3 & 4 & 6
\end{array}
$$

1 2

7 6

3

1

これは数多《かずおお》くの子《こ》どもたちが
頭《あたま》を悩《なや》ませる問題《もんだい》だ！　くりあがりに注意《ちゅうい》

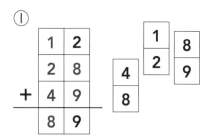

問題《もんだい》 3

ブロック分割《ぶんかつ》

例《れい》のように○の中《なか》の数字《すうじ》がそれ以外《いがい》の数字《すうじ》の掛《か》け算《ざん》の答《こた》えと同《おな》じになるように周《まわ》りを囲《かこ》って、それぞれのブロックに分《わ》けましょう。数字《すうじ》はすべて使《つか》います。

1

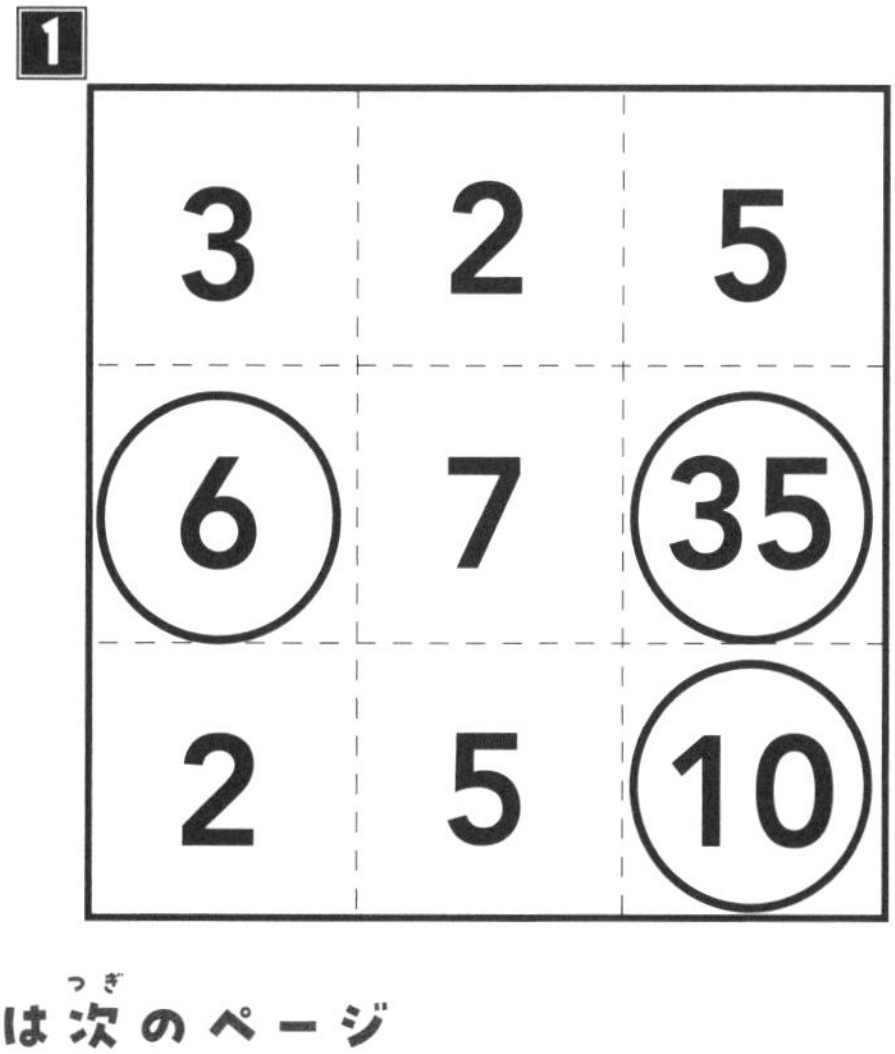

答《こた》えは次《つぎ》のページ

問題《もんだい》3の答《こた》え

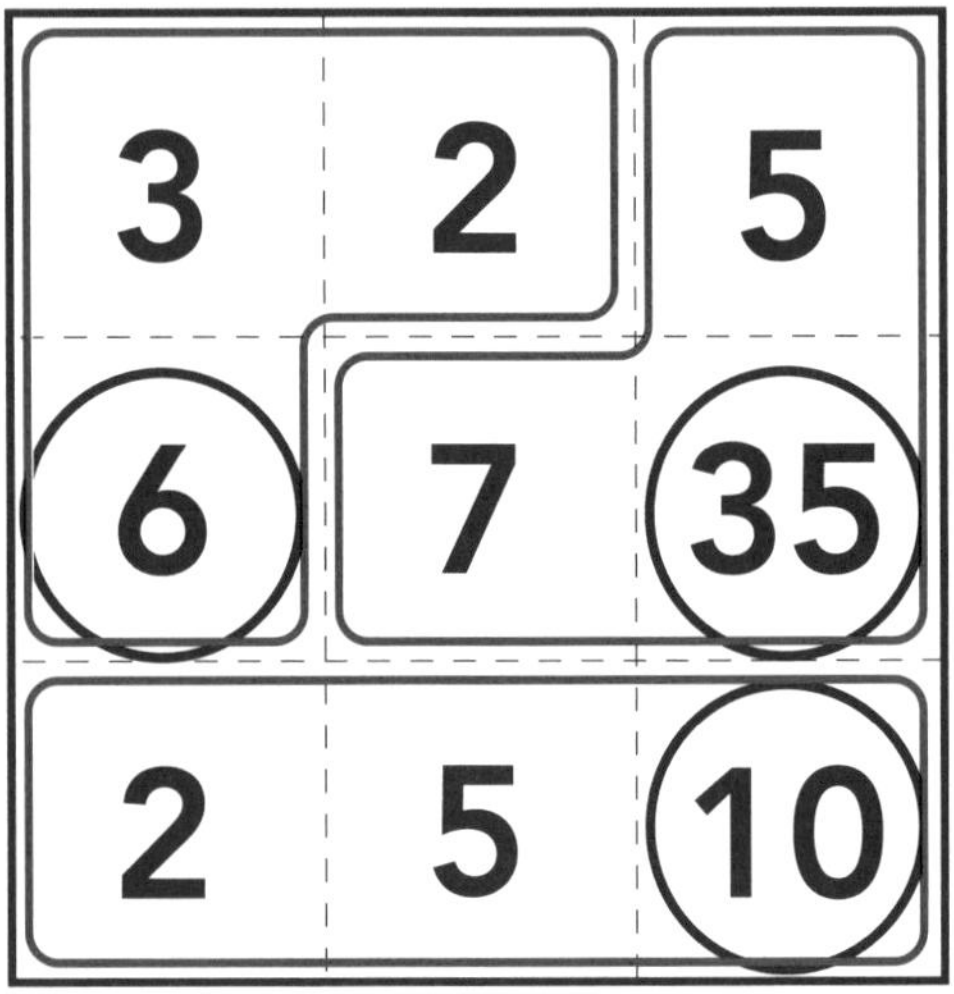

その数《かず》以外《いがい》に約数《やくすう》を持《も》たない数《かず》のことを
素数《そすう》と言《い》うよ

問題《もんだい》 4

レクタングル

例《れい》のように数字《すうじ》の数《かず》のマス目《め》でできる正方形《せいほうけい》や長方形《ちょうほうけい》に分《わ》けましょう。

［例《れい》］

4			6
	2		

→

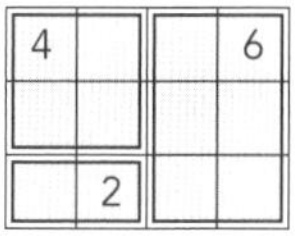

①

		6			
	9			6	3

②

		4			6
	8				
			2		
			4		

← 答《こた》えは次《つぎ》のページ

問題《もんだい》4の答《こた》え

①

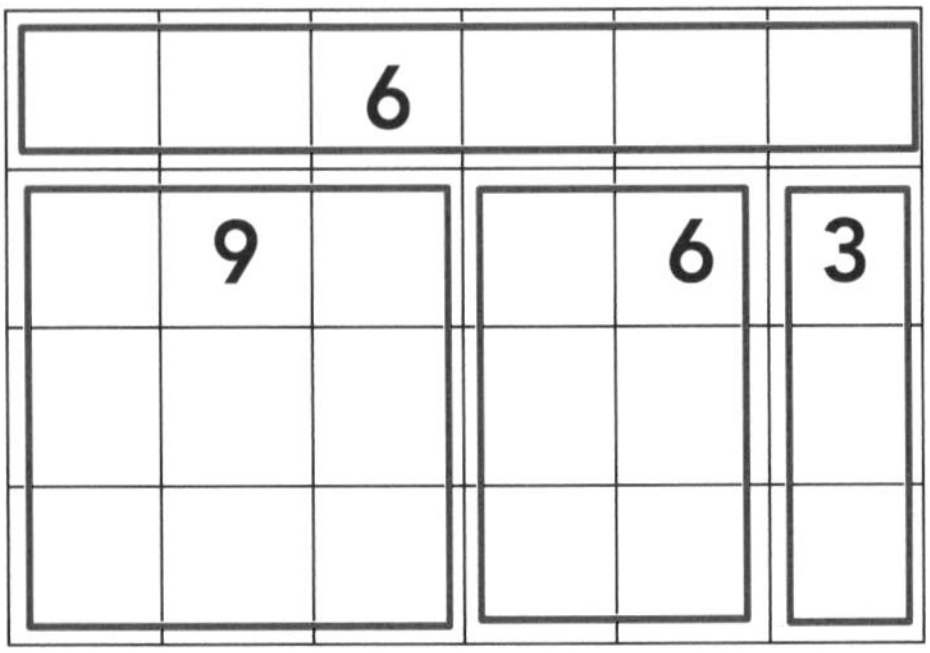

②

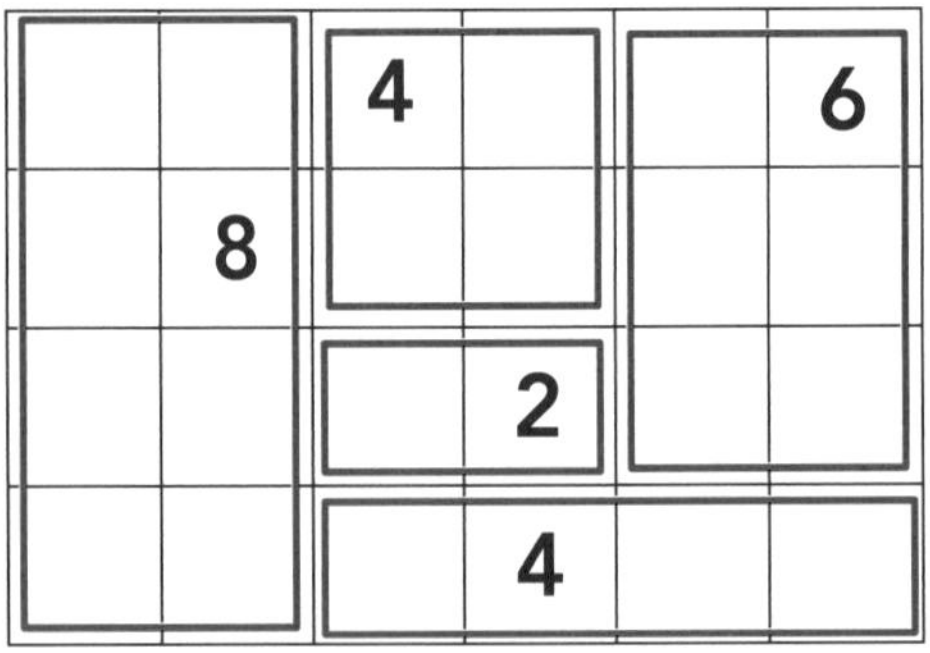

頭《あたま》が疲《つか》れた？　それは頑張《がんば》った証《あか》しだぞ。
なかなかやるじゃないか

問題《もんだい》 5

慣用句《かんようく》めいろ

スタートから次《つぎ》の言葉《ことば》の順番《じゅんばん》に進《すす》み、ゴールをめざしましょう。1度《ど》通《とお》ったマスは通《とお》ることができません。6回《かい》くりかえします。ただし、ななめには進《すす》めません。

【息《いき》が合《あ》う】…お互《たが》いの気持《きも》ちや考《かんが》えていることがぴったり合《あ》うこと

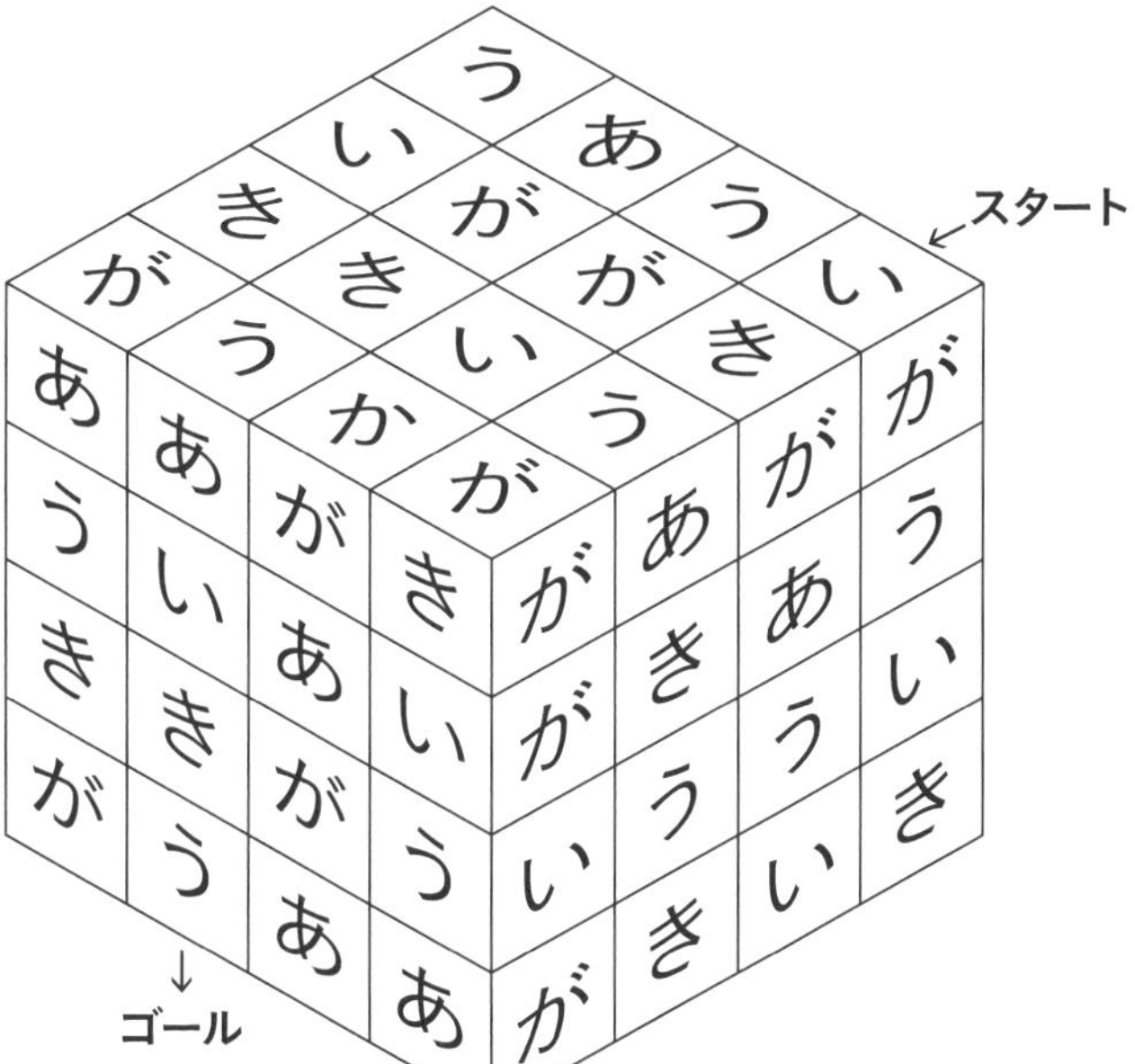

答《こた》えは次《つぎ》のページ

問題《もんだい》5の答《こた》え

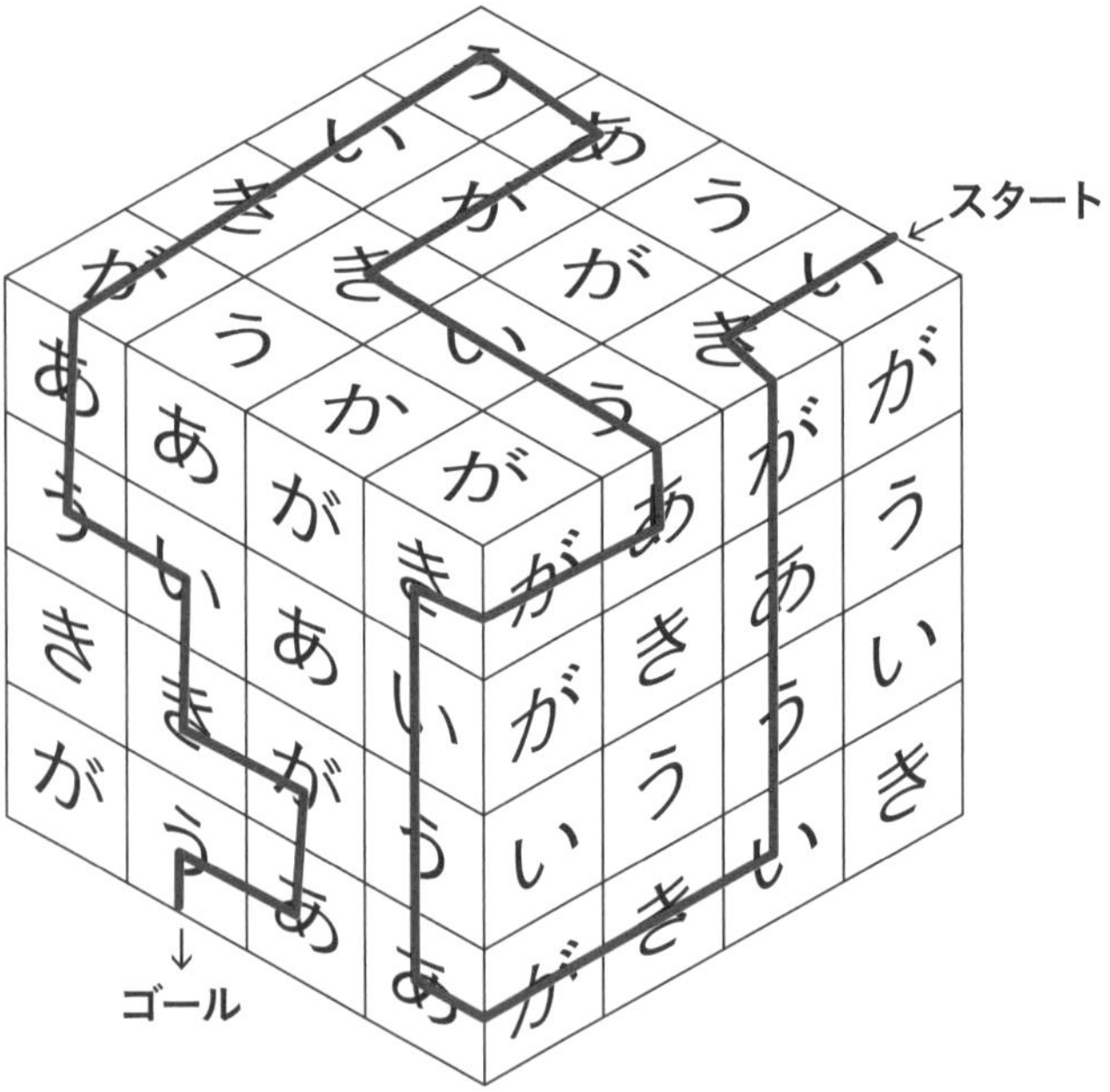

「息《いき》が合《あ》う」
キミはもう意味《いみ》を覚《おぼ》えたかな？

問題《もんだい》 6

九《く》九《く》めいろ

スタートから入《はい》り、5×2=10、5×3=15、5×4=20…と5の段《だん》の九《く》九《く》を5→2→10→5→3→15→5→4→20…と進《すす》みます。5×9まで行《い》ったら、また5×2からはじめて、ゴールをめざします。

・すべてのマスを通《とお》らなくても大丈夫《だいじょうぶ》。
・同《おな》じマスは1回《かい》しか通《とお》れません。

	5	40	35	5	5	20	4
	9	8	5	25	5	5	5
	8	5	6	30	25	3	15
	40	35	7	6	5	5	10
	5	9	5	30	35	5	2
	9	5	5	25	5	45	9
ゴール←	45	20	15	45	6	35	5
	20	4	5	15	30	5	40
	2	10	4	3	15	7	8
スタート→	5	2	10	5	3	35	5

← 答《こた》えは次《つぎ》のページ

問題《もんだい》6の答《こた》え

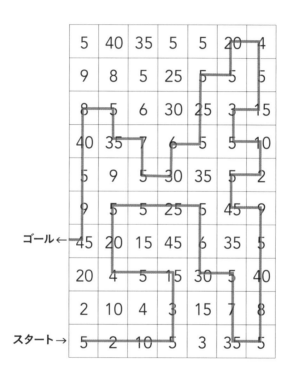

	5	40	35	5	5	20	4
	9	8	5	25	5	5	5
	8	5	6	30	25	3	15
	40	35	7	6	5	5	10
	5	9	5	30	35	5	2
	9	5	5	25	5	45	9
ゴール←	45	20	15	45	6	35	5
	20	4	5	15	30	5	40
	2	10	4	3	15	7	8
スタート→	5	2	10	5	3	35	5

こんな九《く》九《く》の問題《もんだい》、初《はじ》めてだろう。
クークックックッ！（ダジャレだぞ）

問題《もんだい》 7

長《なが》さつなぎ

例《れい》のように、短《みじか》いものから順《じゅん》に線《せん》でつなぎましょう。
マスをすべて通《とお》ってください。

[例《れい》]

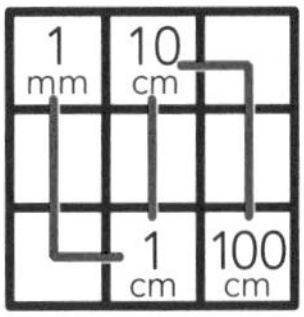

			1 km	
			10 cm	
10 km	1 m	1 cm		
			1 mm	100 m
10 m				

← 答《こた》えは次《つぎ》のページ

問題《もんだい》7の答《こた》え

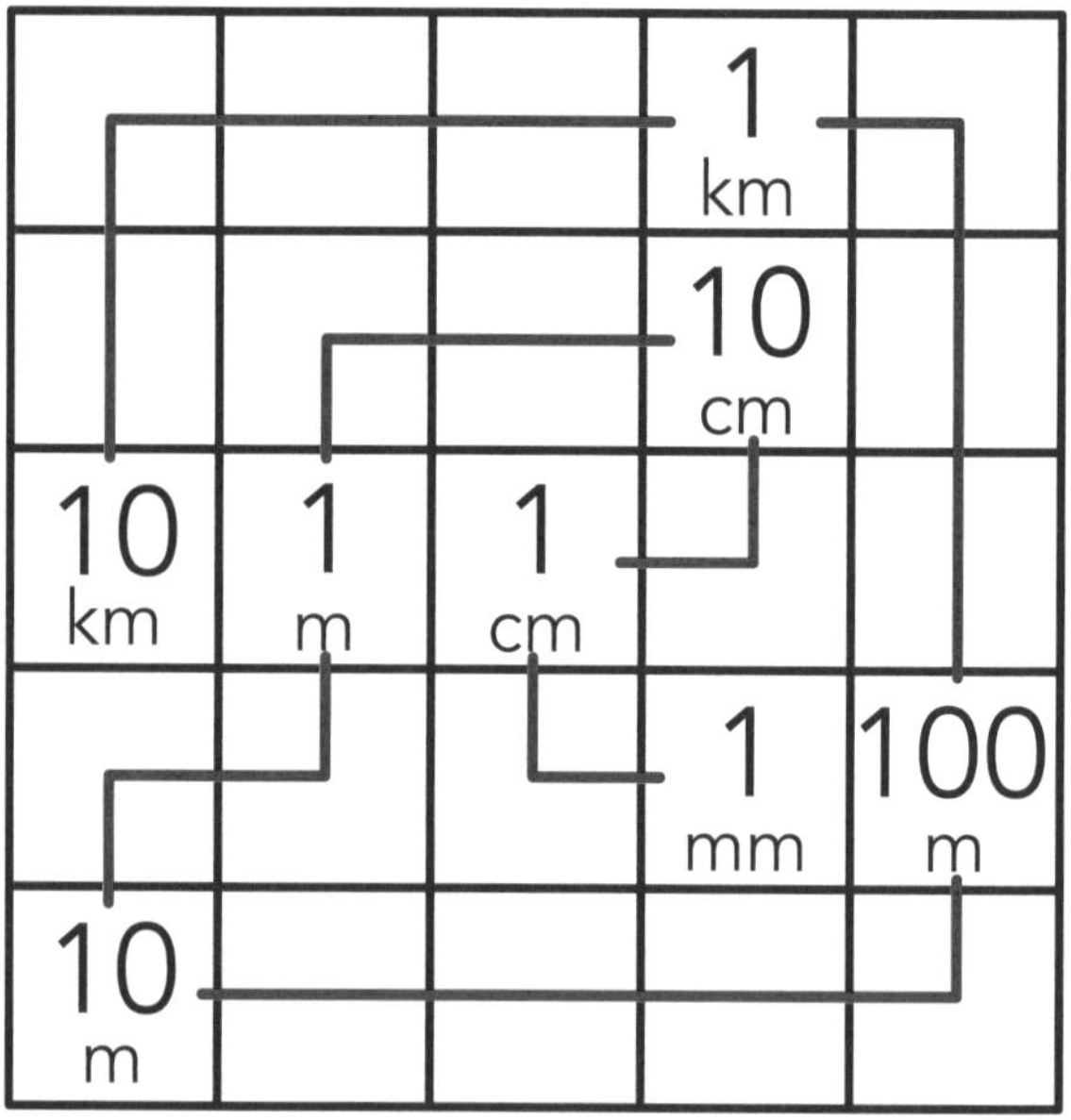

10mm《ミリメートル》=1ｃｍ《センチメートル》、100ｃｍ《センチメートル》=1m《メートル》、
1000m《メートル》=1km《キロメートル》だ

問題《もんだい》 8

お月《つき》見《み》とけい

左右《さゆう》の隣《とな》り合《あ》った、2つの時計《とけい》の時間《じかん》を足《た》すと、その上《うえ》の時計《とけい》の時間《じかん》になります。正《ただ》しい時間《じかん》になるように時計《とけい》の針《はり》を書《か》きましょう。

答《こた》えは次《つぎ》のページ

問題《もんだい》8の答《こた》え

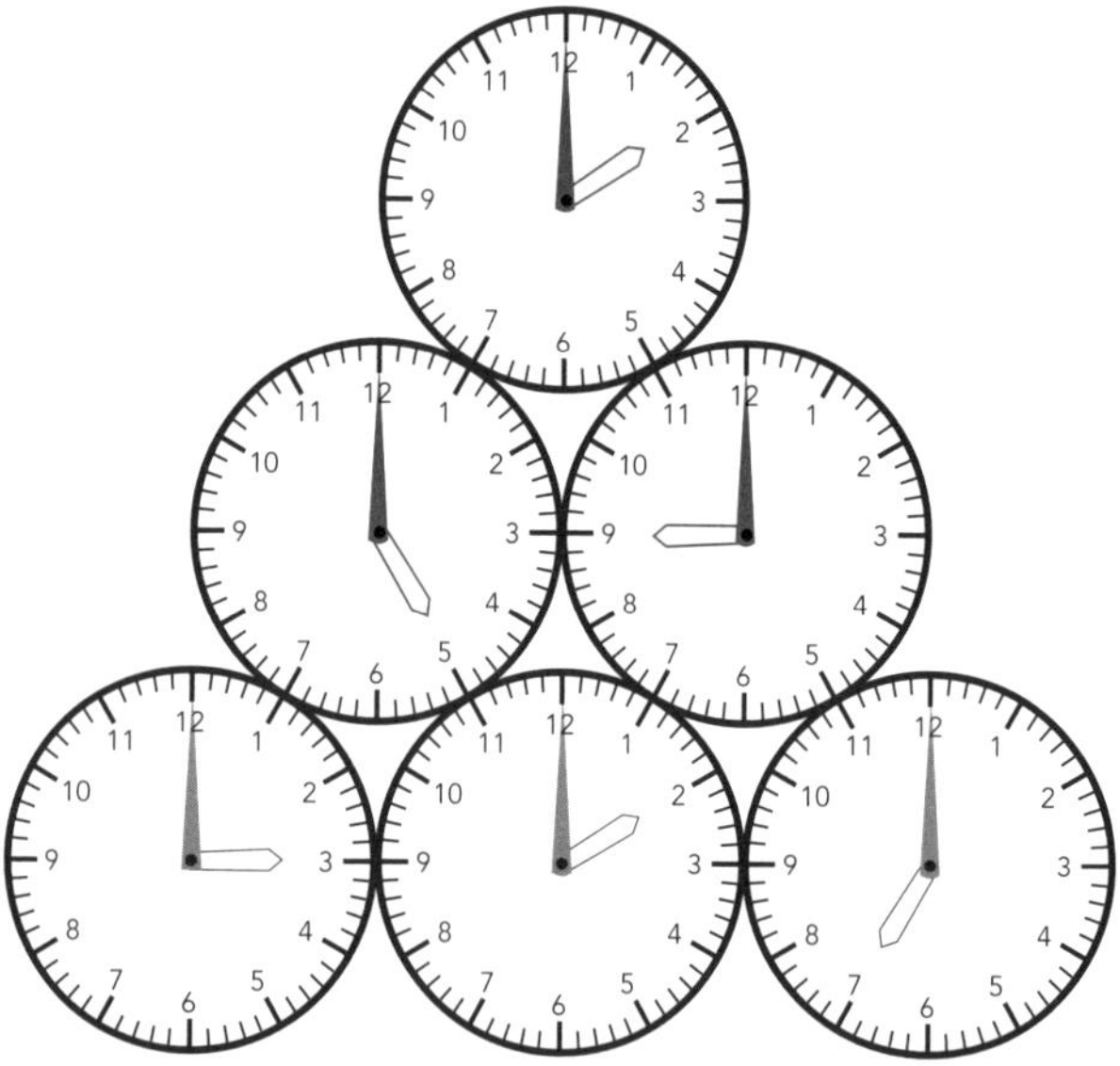

9時《じ》と5時《じ》を足《た》すと14時《じ》。
それが2時《じ》であることがわかるかな？

最後《さいご》までよく頑張《がんば》った!
ここまでやるとは
思《おも》わなかったぞ!　すごい!!
悪魔《あくま》チームも退散《たいさん》だ~!

P218～P253は
このQRコードか
下のURLから
ダウンロードできるよ

https://www.diamond.co.jp/books/120026/01.pdf

［著者］
田邉　亨（たなべ・とおる）
りんご塾代表。1968年、滋賀県生まれ。モーツァルトとサンバが好きで声楽家を志し、名古屋音楽大学に入学するも中退。その後、ニューヨーク市立大学とペンシルベニア州立大学で学ぶ。帰国後、塾の講師などを経て、2000年9月、小学校低学年向けの「算数オリンピック」「そろばん検定」「思考力」を重視した学習教室「りんご塾」を滋賀県彦根市に設立。「難しいことを易しく、易しいことを深く、深いことを面白く」を教育信条にした、独自の教材とメソッドで、2014年から毎年、算数オリンピックの入賞者を輩出。大手教育企業と提携し、2024年から全国に200か所以上の教室を展開予定。Gakkenの「天才!! ヒマつぶしドリル」のシリーズは累計25万部突破。今まさに、最も注目されている教育者のひとり。

「算数力」は小３までに育てなさい
――10年連続、算数オリンピック入賞者を出した塾長が教える

2024年５月14日　第１刷発行

著　者――――田邉亨
発行所――――ダイヤモンド社
〒150-8409　東京都渋谷区神宮前6-12-17
https://www.diamond.co.jp/
電話／03･5778･7233（編集）　03･5778･7240（販売）
装丁・本文デザイン―喜來詩織（エントツ）
イラスト――――さかたともみ
校正――――――島月拓／NA Lab.
ＤＴＰ――――――エヴリ・シンク
製作進行――――ダイヤモンド・グラフィック社
印刷・製本―――勇進印刷
編集協力――――森本裕美
編集担当――――井上敬子

©2024田邉亨
ISBN 978-4-478-12002-6
落丁・乱丁本はお手数ですが小社営業局宛にお送りください。送料小社負担にてお取替えいたします。但し、古書店で購入されたものについてはお取替えできません。
無断転載・複製を禁ず
Printed in Japan